ISBN: 9783751937658

Verlag und Druck:

BoD - Books on Demand

Norderstedt, Germany

Seelenwärmer

Ferienzeit - schönste Zeit

Erstes Buch meiner Buchreihe

„Seelenwärmer"

[3]

Dieses Buch widme ich zwei wichtigen Menschen aus meiner Kinderzeit als ich bei Tante Käthe und Onkel Erich über mehrere Jahre meine Ferientage verbringen durfte. Wie sehr mich diese beiden Menschen prägten, wurde mir erst nach meiner Selbstreflektion und den daraus resultierenden Wegzug von Berlin in den Celler Landkreis bewusst. Hier tickten die Uhren ähnlich, wie damals im ländlichen Oberseifersdorf in der Nähe der Stadt Zittau.

Inhaltsverzeichnis

Warum diese Buchreihe?

2013 begann ich an meiner Autobiografie zu arbeiten und nutzte dazu meine sehr akkurat geführten Therapietagebücher aus den Jahren 2012 bis 2014. Als ich sie mit Hilfe meines heutigen Lebenspartners Gerd Keil fertigstellte, veröffentlichte ich diese 2015 mit dem Titel: „Warum war ich so blind – Rückblick in eine Diktatur und Neuorientierung in die Freiheit".

Es folgte eine weitere Überarbeitung zum Zeitpunkt als mir klar war, warum ich so blind und nicht im Stande war, irgendetwas an meinem Leben in Frage zu stellen. Deshalb veränderte ich den Titel meiner Ursprungsversion in „Die Reflektion meines (Er)Lebens als Chance für meine Neuorientierung".

Die aktuelle Version aus 2018 trägt nun den Titel „Die DDR, meine Familie und ich – meine Sichtweisen damals und jetzt". Darin versuche ich meinen Leser*innen deutlich zu machen, dass vieles in mir immer noch in ständiger Bewegung ist und ich großen Wert darauf lege, dass ich immer nur meine

Sichtweisen, die sich dank einer gewinnbringenden Partnerschaft und mit meiner Zuhörerschaft auf den Lesereisen immer wieder verändern.

Als ich mein ganzes Leben nach einem Zusammenbruch und nach meinem Ausstieg aus meinem Berufsleben im Alter von 50+ zu reflektieren begann, weckte ich viele Kindheitserinnerungen, die ich als Kind damals als normal empfunden hatte. Wie ein Hammerschlag kehrte nun so vieles, was damals nur unbewusst wahrgenommen wurde, in mein Bewusstsein zurück.

Vieles von dem war jedoch für mich heute als erwachsene Frau nur rational begreifbar. Ich bemerkte, dass die vielen Emotionen für mich nicht auszuhalten waren, die nun an die Oberfläche traten. Gefühle, die ich nie haben durfte, die mir bereits als Kind im Kinderwochenheim und in meiner Familie, die sehr staatsgetreu erzogen haben, wegkonditioniert wurden. Nun sprudelten sie endlich aus mir heraus und wollten gelebt werden. Viel leichter fiel es mir aber, diese gleich wieder zu verdrängen, zu unterdrücken, um nur keine Träne weinen zu müssen.

Ich geriet während dieser Zeit in eine tiefe Lebenskrise, die keinen meiner Lebensbereiche ausließ. Nach vier Jahren gelang es mir, mein eigenes ICH zu finden und gewann mehr und mehr an innerer Stärke.

2015 spiegelte sich dies auch in meinem Neuanfang in Niedersachsen wider. Ich lernte in einem völlig neuen, mir fremden Umfeld Menschen kennen, die mir zuhörten und bereit waren, mich zu unterstützen. Viele von ihnen sind heute meine Freunde und so lernte ich durch sie erstmals, was Freundschaft überhaupt ist und was sie ausmacht.

In meiner Kindheit und Jugend hatte ich nie eine Freundin und wer meine Autobiografie bereits kennt oder mich auf Lesungen kennengelernt hat, der weiß, wie einsam Kinder unter Kinder sein können, wenn sie Ausgrenzung oder Abgrenzung kennengelernt haben. Als Kind fühlte ich nicht nur diese anhaltende Einsamkeit, sie war ein fest geprägter Teil meines ganzen Lebens und zog sich bis ins Erwachsenalter.

Es fiel mir schwer, die guten Erinnerungen aus meiner Kindheit, meiner Familie und meinem späteren Erleben als Erwachsene nachzuspüren. Ich wollte es nicht wahrhaben, dass die negativen Erfahrungen so stark prägend sein können, obwohl ich damals meine Kindheit nie so negativ wahrgenommen habe. Es war eine normale Kindheit halt.

Und heute? Meine Kindheit gehört zu mir und bei allem Übel, was mit mir und um mich herum geschehen ist, hat sie mich dennoch heute zu der Frau gemacht, die ich heute geworden bin. Eine Frau, die ich heute auch sein darf.

Ich möchte Ihnen liebe Leser*innen und Zuhörer*innen, mit meiner Buchreihe, die Möglichkeit geben, sich in einzelne Teilbereiche meines Lebens nochmal ein Stückchen tiefer einzulesen und aufkommende Fragen nachzuspüren, die sich für Sie aus meiner Autobiografie ergeben haben könnten.

Sie sind mir wichtig und deshalb möchte ich Sie alle an meinem Entwicklungsprozess teilhaben lassen, in dem ich mit einer kleinen Buchreihe einige Lebensabschnitts-Vergrößerungen meiner Autobiografie vornehme.

So wende ich mich in meinen Erzählungen, vorrangig positiven Erinnerungen zu und gebe auch einen kleinen Einblick in meine neuen Wege, die ich mit Gott und im Gottvertrauen lerne, zu gehen.

Diese Erzählungen sollen nach der schweren Kost, die ich meinen Leser*innen und vor allem meinen Zuhörer*innen mit meiner Autobiografie zugemutet habe, nun mit dieser kleine Buchreihe an meine Seelenwärmer teilhaben lassen.

Die Zuhörer*innen meiner zahlreichen Lesungen und Zeitzeugenauftritten an Orten in Ost und West haben mich auf meinem schweren Weg der Erkenntnis und Erleuchtung begleitet und gestärkt, so dass ich heute aufrecht auf meine Vergangenheit zurückblicken kann und diese als unumkehrbar akzeptieren gelernt habe. Nicht mit Wehmut auf

Vergangenes zu blicken, sondern meinen Weg mit Gott in Demut gehen und unendliche Freude erlebbar werden lassen. Das beschreibt für mich am besten, wie viel Bewegung noch in mir ist.

An dieser Stelle möchte ich Gerd Keil, meinem Wegbereiter, Lebenspartner oder einfach nur einen von Gott gesandten Engel ganz herzlich danken. Er hat mir mit der Hilfe Gottes meine Blindheit genommen und mich sehend gemacht.

Viele Freunde, die ich nur durch ihn kennengelernt habe, begleiten mich noch immer und weichen mir nicht von meiner Seite. Sie vermitteln mir ein Gefühl des Angenommenseins und Getragenwerdens, dass mich stärkt und mir den inneren Frieden gibt, von dem ich ohne mein autobiografisches Schreiben so nie erfahren hätte.

Durch den nahen Kontakt zu meinen Leser*innen und Zuhörer*innen habe ich viel dazugelernt und andere neue Blickwinkel erfahren, die mich immer wieder zum Nach- und Neudenken anregen. Sie ersetzen mir mehr und mehr, die Arbeit mit Therapeuten und geben mir unsagbar viel Selbstvertrauen, dass mich nun auch ein wenig Stolz in mir aufkommen lässt.

Erst jetzt nach so vielen schweren Jahren harter Arbeit mit Therapeuten, Freunden und meinem Gerd, der mir immer zur Seite steht, gelingt mir nun auch ein emotionales Verarbeiten meiner Vergangenheit.

Mit meinem ersten Buch „Ferienzeit, schönste Zeit" erinnere ich nun an eine sehr schöne Zeit, die mich für mein Leben im Hier und Jetzt mehr geprägt hatte, als ich es je vermutet hätte. Diese Erinnerungen kamen erst im neuen Umfeld zurück, als ich 2015 Berlin verlassen und in einem ländlichen Ort in Niedersachsen gezogen bin. Ich bemerkte erst hier, dass dieser Ort sehr viele Gemeinsamkeiten mit dem kleinen Ort Oberseifersdorf nahe Zittau hatte. Das Ehepaar Käthe und Erich Liebscher hatte mir über etwa 5 Jahre ein **Zuhause** mit so viel Liebe gegeben, dass ich mir von meinem Elternhaus so sehr gewünscht hatte.

Ein zweites Buch dieser Buchreihe möchte ich von Herzen meinem geliebten Bruder Mario widmen, der bereits 1980 im Alter von 16 Jahren von einem Lkw-Fahrer übersehen und überrollt wurde. Er fehlt mir noch immer und denke ich an ihn, tut es auch nach fast 40 Jahren immer noch so weh, als wäre er erst gestern von mir gegangen.

Er war der einzige in meiner Familie, der mich wirklich in sein kleines Herz geschlossen hat. Ich liebe ihn noch immer und habe viele schöne Erinnerungen an und mit ihm aufgespürt. Erst jetzt bin ich im Stande über ihn und dem, was uns so eng verband, zu schreiben. Die aufkommenden Emotionen, wie Trauer, Schmerz und Wut, die mich mit seinem plötzlichen Tod und den versteckten und unterdrückten Tränen, die ich mir zu weinen, nie zugestand, ließen auch kein früheres Schreiben über ihn zu.

Bisher habe ich in meinem autobiografischen Buch „Die DDR, meine Familie und ich..." über mein Leben in der DDR, aber nur wenig über das Umdenken und meinen Neuanfang mit 50plus geschrieben. Es war mir damals nicht im vollen Umfang möglich, einen tieferen Einblick in den an ein Wunder grenzenden Neubeginn mit 50plus zu geben. Denn oft wurde ich gefragt, wie ich es überhaupt ausgehalten habe, so ganz ohne Verständnis in der eigenen Familie, ohne Freunde, die mich durch die schwere Zeit getragen oder zu mir gehalten haben. Wie ist dies möglich gewesen, dass ich in einer völligen Fremde mich so rasch zu Hause fühlte? Deshalb dürfen Sie sich auch auf ein weiteres Buch freuen, dass über die Wunder und Faszination meines Ankommens in der Fremde berichten wird. In diesem Buch werde ich von meinem Wegzug aus Berlin 2015 erzählen und dabei den Fokus auf diesen Neuanfang richten, von dem ich glaubte, allen Schmerz, alle Verletzungen, die mir zugefügt wurden, zurücklassen zu können.

Durch Gerd fand ich auch den Weg in die Kirche und erlebte mit ihm wunderschöne

Momente, die mich tief in meinem Herzen be-
rührten und mir so den Weg zum Glauben
und zu Jesus Christus ebneten. Wer weiß es
schon, vielleicht war Gerd ja auch ein Teil von
Gottes Fügung?

So sei auch ein letztes und ich denke sogar
mein wichtigstes Buch dieser Reihe meinen
Weg zum Glauben an Jesus Christus gewid-
met.

Ich glaube, dass er allein der Schlüssel meines inneren Friedens ist, und mich in meinem
innersten ICH-SEIN stärkt. Christus als mein
Retter, mein Tröster und meine sichere Burg
erfahren zu dürfen, das ist für mich die große
Gnade Gottes und mein Weg zur Wahrheit.

Dabei möchte ich versuchen, etwas in Worte
zu fassen, was für mich noch immer nicht in
seiner ganzen Tragweite meiner Selbstfindung mit Worten auszudrücken möglich
scheint. Dennoch versuche ich es, weil hierzu
immer wieder Fragen an mich herangetragen
werden, die ich noch nicht wirklich zu beant-
worten im Stande bin.

Ich wünsche mir mit diesem Buch etwas annähernd begreiflich zu machen, wie ich einst als kleines geducktes, stilles Heidenkind zur lebensbejahenden Christin werden konnte.

Dieses Buch bedarf noch etwas mehr Geduld und Zeit, um mir selbst über meine eigenen Emotionen klarzuwerden. Ich möchte erst meine Gedanken ordnen, den eigenen Gefühlen noch tiefer nachspüren, bevor ich meine Leserschaft daran teilhaben lassen kann.

Was genau bedeutet mir mein Glaube an Gott? Warum hat es so lange gedauert, bis ich den Weg in die Kirche fand und sich so meine vielen Fragen zu Gott, den Tod und das Leben nach dem Tod fast überrollten und sich mir nach meiner Abkehr meines früheren Umfeldes wieder stellten? Diese und viele weitere Fragen, die mich während der Schreibarbeiten noch beschäftigen, werden sicher viel emotionsgeladene Momente in meinem Herzen, in meiner Beziehung zu Gerd und dem Angenommen und Angekommen sein, hervorbringen.

So manch einer, der mich von früher kennt, glaubt hierbei sicher an ein Verdienst von Missionaren des Christentums, wenn sie von meinem rasanten Weg zum christlichen Glauben lesen oder hören würden.

Deshalb möchte ich Sie, liebe Leser*innen und Zuhörer*innen, wissen lassen: Ich selbst habe Gott in mein Herz gelassen, ich war bereit ihm zuzuhören und machte ganz besondere persönliche Erfahrungen mit Jesus Christus.

Also seien sie gespannt, auf neue positive Eindrücke aus meinem reflektierten und heute gelebten Leben in einer ganz besonderen Buchreihe.

Hinweise zur Veröffentlichung finden Sie in einer Vorankündigung auf meiner Homepage:

www.manuelakeilholz.de

Wie alles begann

Im Sommer 1970 fuhren meine Eltern mit Mario, meinem geliebten leiblichen Bruder und mir an die Ostsee nach Sellin auf die Insel Rügen. Nach langen Versuchen einen entsprechenden Ferienplatz im Heim der Deutschen Volkspolizei an der Ostsee zu bekommen, bekam meine Mutter die Nachricht, dass sie einen Ferienplatz auf Rügen, in Sellin zugesprochen bekam.

Ein sehr begehrter Urlaubsort von dem die meisten DDR-Kinder nicht mal zu träumen wagten. Mario, damals 6 Jahre und ich gerade 10 Jahre alt, fuhren zum ersten Mal ans große Meer. Wir waren so stolz, dass ich es allen in der Klasse erzählte und hoffte, dass sie meine Freude teilen würden, was mir eher Neid und böse Worte einbrachte, die ich nicht so recht verstand. Ich ahnte damals nicht, wie rar solche Ferienplätze überhaupt waren. Meine beiden älteren Halbbrüder besuchten zu dieser Zeit ein Ferienlager in Kuhlmühle, wo sie ohnehin viel lieber die Ferienzeit verbrachten, als mit unseren Eltern gemeinsam Urlaub verbringen zu müssen.

An diesen Urlaub denke ich immer wieder gern zurück. Nicht nur, weil da das große Meer war, sondern auch, weil ich hier meine Eltern ganz anders, viel entspannter und freundlicher erleben durfte als zu Hause. Allerdings nur außerhalb des Urlaubsheimes. Mein Vater spielte sogar mit den fremden Strandbesuchern leidenschaftlich gern Volleyball. So etwas tat er zu Hause nie. Hier lebten wir als Familie eher einsam ohne jegliche Besuche von Freunden, die es in unserer Familie nicht gab.

Einen besonderen Höhepunkt erlangte der Urlaub mit viel Aufregung am dritten Urlaubstag, als mein Vater im Radio meinte, die richtigen 6 Zahlen im Lotto 6 aus 49 gehört zu haben. Er spielte schon viele Jahre Lotto und hoffte immer auf einen Gewinn. An diesem Abend mussten wir alle still sein, als im Radio erneut die Gewinnzahlen angesagt wurden. Mein Vater war ganz außer sich, er freute sich riesig und meinte, dass wir doch tatsächlich einen 6er im Lotto hätten. Eine riesige Freude bei den Eltern. Mario und ich, wussten noch nicht wirklich, was dies für unsere Familie bedeuten würde.

Erst Monate später, als mein Vater mit einem Ford Taunus (rot/weiß) zu Hause ankam und meinte, dass dies unser erstes großes Familienauto sei. Wir waren sehr erstaunt und er schien sehr stolz auf dieses Westauto zu sein, dass er einem Schauspieler namens Hanisch abgekauft hatte. Damit fuhren meine Eltern mit uns viele unserer Verwandten besuchen. Manche von ihnen kannte ich so gut wie gar nicht. Mein Vater verschenkte an vielen von ihnen Geldscheine, die er ihnen vorzählte. Ich konnte es nicht fassen, so viel Geld habe ich auf einem Mal noch nie zuvor gesehen.

Im August 1971 fuhren meine Eltern und ich zu einem Ehepaar Namens Liebscher, die viele Autostunden entfernt in der Nähe der Stadt Zittau lebten. Sie kannten sich aus den gemeinsamen Arbeitsjahren von 1958 bis 1961, wo meine Eltern und die Liebschers noch Kollegen bei der Deutschen Volkspolizei in Berlin arbeiteten und sehr eng befreundet waren. Vermutlich die einzigen, die sie je hatten. Ich jedenfalls kannte keine weiteren Freunde.

Die Liebschers

Nach einer langen Autofahrt von etwa 5 Stunden kamen wir in dem kleinen Ort Oberseifersdorf – etwa 6 km von Zittau entfernt – an. Ich hatte die längste Strecke im Auto verschlafen und war nicht sonderlich neugierig, wo wir hinfahren würden. Doch nun schaute ich aus dem Fenster und sah, dass wir an einem sehr kleinen Haus, welches mit der Längsseite die Straßenbegrenzung der Dorfstraße war, anhielten. Es waren keine Menschen auf der Straße zu sehen, aber ich hatte ein sehr merkwürdiges Gefühl, als würden wir von gleich mehreren Menschen, die hinter ihren Gardinen standen, beobachtet. Wir stiegen aus und schauten uns um. Ich sah, dass hier jedes dieser niedlichen Häuschen sehr kleine Fenster hatte und viele braune dicke Balken das Mauerwerk zierten. Irgendwie hatten sie für mich als Bewohnerin einer modernisierten Berliner Plattenneubauwohnung etwas Anrührendes.

Wir standen noch einen Moment am Auto und schauten uns um, als eine kleine Frau herausgerannt kam und uns zu rief: „Na das gibt es ja wohl nicht. Herbert und Hannelore, was hat euch denn hier her verschlagen? Und wie kommt ihr denn zu diesem Schlitten, ist doch ein Westauto, oder?" Ich bemerkte an meinem Vater, dass er gleich ein paar Zentimeter größer wurde, so stolz war er. Doch er antwortete gleich: „Ja, ich habe ihn von dem Schauspieler Hanisch abgekauft und ja, es ist auch ein Westfabrikat. Wir haben doch vier Kinder zu Hause, die passen in keinen Trabant und keinen Wartburg." Es schien so, als würde es eine Rechtfertigung nötig haben, wie wir zu einem Westauto kämen.

Es folgte mitten auf der Straße nach einer ausführlichen Autobesichtigung eine noch länger dauernde Begrüßung mit einer für mich noch nie gekannten Herzlichkeit. Die vier müssen damals sehr eng befreundet gewesen sein, dachte ich so bei mir.

Plötzlich drehte sich die kleine Frau zu mir und fragte: „Und wer bist du?" „Ich heiße Manuela und bin 11 Jahre." Dies war ein einstudierter Satz, den ich immer zu sagen hatte, wenn ich gefragt wurde, wer ich bin.

Warum die beiden von mir nichts wussten und auch nichts von uns vier Kindern, ließ darauf deuten, dass sie sich schon sehr lange nicht mehr gesehen und vermutlich auch nie geschrieben hatten. Der Arbeitsalltag meiner Eltern erlaubte ihnen wohl keine Freunde und somit auch wenig Freude.

Die Liebschers, so hieß das Ehepaar, waren sehr nette Leute. Sie hatten selbst keine Kinder. Ich war normalerweise sehr zurückhaltend gegenüber Personen, die mir nicht vertraut waren, erst recht nicht, wenn ich sie noch nie zuvor gesehen hatte. Also ging ich erstmal in ihren Garten und spielte mit einer süßen Katze, während meine Eltern und das Ehepaar Liebscher in das so anmutig schöne und niedliche Häuschen gingen. Ich war zwar neugierig, wie es in diesem Häuschen aussah, doch meine Schüchternheit hielt mich zurück. Eine kurze Zeit später kam der Mann zu mir raus und sagte: „Hallo ich bin Onkel Erich und meine Frau heißt Tante Käthe." Ich fragte: „Deine Frau ist die kleine Frau, die uns vorhin als erste begrüßte?" „Ja, das ist sie und immer sehr lieb" erwiderte Onkel Erich. Er hatte eine sehr liebevolle Art mit mir und von ihr zu reden. Dies gefiel mir und ich hörte ihm gern zu. So begann er von sich und seiner Frau zu erzählen, dass er vor vielen Jahren mit ihr von Berlin wegziehen musste, weil vermutlich seine Mutter, Hilfe benötigte. Genau wissen tue ich es nicht, denn darüber hatten wir nie geredet.

Eine Weile später sagte er mir: „Hier im Stall, sind auch Kaninchen. Möchtest du sie dir mal ansehen?" Ich freute mich und antwortete erfreut: „Ja, Onkel Erich, ja" Ich dachte mir noch, wie komisch das klingt: „Onkel Erich". Ich kannte bisher nur einen, der Erich hieß. Erich Honecker. In der Klasse hieß kein einziger Junge Erich und ich glaube nicht einmal in der ganzen Schule.

Hier im Stall roch es nach frischem Heu und dazu ein etwas strenger Geruch, den ich nicht kannte. Ich fragte ihn: „Warum riecht es hier so komisch?" Onkel Erich meinte darauf hin zu mir: „Hier auf dem Land riecht alles ganz anders als in der Stadt. Landluft ist gesund und das Landleben hat so viel Schönes zu bieten." So riecht also die frische Landluft, von der mein Vater auf der Autofahrt erzählte, wenn wir an den frisch gedüngten Rieselfeldern vorüberfuhren. „und das soll gesund sein" dachte ich schweigend für mich.

Onkel Erich machte mich durch seine nette Art zu erzählen, neugierig und ich mochte ihn auf Anhieb. Er konnte so schön erklären und ich spürte seine besondere Liebe, mit der er mir vom ersten Tag unseres Kennenlernens begegnete.

Nach dem ich die Kaninchenmutter mit ihren Jungen streicheln durfte, gingen wir wieder raus. Ganz dicht am Kaninchenstall vorbei, befand sich eine steile Treppe aus riesigen

Wackersteinen, die kein Geländer zum Festhalten hatte. Ich schaute hinab und sah ein schmales Wasser direkt durch ihren Garten fließen. „Was ist das für ein Wasser?" fragte ich ihn. „Es ist ein Gebirgsbächlein, das zurzeit nur wenig Wasser trägt. Aber wenn es starke Gebirgsgewitter mit viel Regen gibt, wandelt sich dieses Bächlein zu einem reißenden Strom, der auch schon mal so viel Wasser hatte, dass es in unser Haus gelaufen ist." Onkel Erich nahm meine Hand und stieg mit mir ein paar Stufen hinunter. Die letzten zwei Stufen waren schon unter Wasser und sahen recht krumm und ausgewaschen aus. Eine steinige Mauer, die höher als ich war, umfasste die Stufen, auf denen wir hinunter stiegen. Ich schaute mich um. Ich schaute auf das ruhig fließende Wasser, dann sah ich zu der Mauer hoch und wieder auf die ausgewaschenen Stufen und danach zum Haus, in dass das Wasser fließen würde, wenn es Gewitter mit viel Regen gibt. „Kann es wirklich so viel regnen, dass es hier so viel Wasser gibt und euer Haus vollschwemmen kann?"

Mir schien dies schier unmöglich vor zu kommen. Dann musterte ich die Mauer und deren unterschiedlich großen und kleineren Felsensteine und meinte: „Die Steine sehen ja aus, wie die Wackersteine aus dem Bauch von Rotkäppchens Wolf." Onkel Erich schmunzelte und bestätigte meine Feststellung. Doch was zappelte da im Wasser an den Stufen, die unter Wasser standen. Onkel Erich zeigte auf ein paar dieser zappelnden Schwimmer, die ich noch nie gesehen hatte. Ich fragte: „Was zappelt da auf der Stufe?" Er fischte mit seinen großen Händen etwas Wasser mit einer kleinen Kaulquappe und sagte, dass es noch Kaulquappen sind und diese sehr bald zu kleinen Fröschen heranwachsen würden. Wie spannend er doch erzählen konnte. Onkel Erich strahlte eine besondere Wärme auf mich aus, die mir ein angenehmes Gefühl gaben, dass sich zwar gut, aber für mich noch etwas ungewohnt anfühlte. Die Art, wie er mit mir sprach, ließen jedoch sehr schnell meine Zurückhaltung weichen und in mir regte sich eine sonderbare Geborgenheit.

Dieser mir doch fremde Mann, der sehr befreundet mit meinen Eltern war, den ich aber noch nie zuvor gesehen und von ihm auch nie zuvor gehört habe, ging mit mir so liebevoll um? Ich glaube, er bemerkte mein zögerliches Verhalten, doch ignorierte er es einfach. Er lächelte mich freundlich an und meinte zu mir: „Komm Manuela, lass uns mal Überraschungskuchen beim Bäckermeister Geyer gegenüber kaufen." „Überraschungskuchen?" fragte ich. „Na wir wollen einfach Kuchen aussuchen und den als Überraschung zu Tante Käthe bringen, die dann Kaffee kochen muss. „Was trinkst du eigentlich immer zum Kuchen, liebe Manuela?" Hey, er fragte mich, was ich trinken möchte und sagt immer mal wieder „liebe Manuela". Wieso ist er so anders, als ich es bisher gewohnt war. Er sprach sehr befremdlich mit mir und ich dachte nur, warum er dies wohl tun würde. Wir Kinder wurden zu Hause nie gefragt. Das Essen und Trinken wurden fertig gemacht und gefragt, was wir gern essen, wurden wir auch nur selten. „Es wird gegessen, was die Kelle gibt" bekamen wir oft zu hören, wenn jemand mal sagte, dass Essen schmeckt mir nicht. Und so wie jemand im Essen herumstocherte, weil da so viel fettes Fleisch in der Suppe schwamm, ertönte dieser Satz. Wir hatten zu essen, was gekocht wurde. Fettes Fleisch am Sonntagsbraten war auch immer sehr wabbelig und widerlich. Es musste aber aufgegessen werden. Hier bei den Liebschers schien es eine andere Welt zu sein, an der ich wirklich Gefallen fand und mein Misstrauen wegen des guten Gefühls schnell vergessen war.

Beim Bäcker gegenüber durfte ich tatsächlich den ganzen Kuchen selbst aussuchen, den jetzt die Erwachsenen zu essen hatten. Irgendwie schien hier alles eine verkehrte Welt, aber sie gefiel mir.

Natürlich suchte ich viele verschiedene Stücken aus, damit hoffentlich für jeden Geschmack etwas dabei war. Natürlich auch mein Lieblingskuchen, den es zu Hause nur selten gab: Apfelkuchen mit einer dicken Zuckergussdecke.

Nach und nach begann ich auch von mir zu erzählen und dass ich jetzt noch ganze 4 Wochen Ferien hätte bis mein Bruder Mario aus dem Trainingslager endlich wieder nach Hause kommt. „Ich warte immer schon so lange auf Mario. Ohne ihn ist alles doof" klagte ich Onkel Erich mein Leid über die vielen Trainingslager, die er immer in den Ferien besuchte.

„Wir wohnen doch jetzt zusammen in einem Zimmer, seit wir zum Leninplatz in einer Neubauwohnung in den 11. Stock gezogen sind. Da kommt das warme Wasser aus der Wand und im Bad ist kein Badeofen mehr. Wir lernen, lesen und spielen immer zusammen und haben gemeinsam so viel Spaß gehabt. Manchmal so laut, dass unsere Mutter uns lautstark zurief, ob wir immer so laut sein müssen. Dabei haben wir doch nur gelacht."

„Mario, mein jüngerer Bruder ist immer so lieb zu mir und ich mag ihn auch sehr. Ich bin für ihn die große Schwester." Onkel Erich, der neben mir hockte, streichelte mir über den Kopf und begann über sich zu erzählen.

„Ich arbeite als Maurer in der Landwirtschaft-
lichen Produktionsgenossenschaft (LPG) und
setze die von der Witterung geschädigten alten Mauern der Kuhunterstände auf den Fel-
dern instand. Wenn du magst nehme ich dich
mal mit auf meine Arbeit". Ich war richtig gespannt, ihm bei der Arbeit zuschauen zu dürfen. In Feierabendarbeit baute er an einer
Waschküche im Ort mit und verdiente sich
hier noch etwas Geld zu seinem sehr gerin-
gen Lohn dazu. Bei der Familie, die die
Waschküche schon lange geplant, aber vermutlich durch das nötige fehlende Material,
dass nicht so schnell zu beschaffen war, immer wieder Baupausen eintraten. Ich durfte
sogar die Ziegelsteine immer versetzt aufset-
zen und einmal sogar den Zementmörtel von
seiner Maurerkelle auf die Ziegel auftragen.
Onkel Erich meinte dann zu mir: „Ein Hand-
langer ist mehr wert als drei Arbeiter." Ich
wusste nicht was er mir damit sagen wollte,
fragte aber nicht weiter nach. Auch hatte er
am Ausbau des Fachwerkhauses seiner

Mutter mitgewirkt und das marode gewordene Gewölbe erneuert.

Das Gewölbe, war hier ein sehr kalter Raum, der weder Putz an den Wänden noch irgendeinen Ofen hatte. Sie nutzten den Raum als ihren Kühlschrank, denn sie hatten zu der Zeit keinen Kühlschrank. Dafür kam hier im Sommer der Eismann und brachte einen großen Eisblock, worauf sie ihre Wurst und die Butter stellten. Es war vom Mauerwerk her auch im Sommer recht kühl und die Butter stand in einem Gaseschrank. Das Gewölbe war der hiesige Landkühlschrank.

Dann erzählte mir Onkel Erich, dass er zweimal in der Woche in den Wald gehen bzw. sonntags sogar mit dem Rad in die Pilze oder auch zum Füttern der Waldtiere fahren würde. Er sprach manchmal schon komisch. „In die Pilze fahren". Wer fährt in die Pilze? Geht doch gar nicht, dachte ich so bei mir.

Ich fragte Onkel Erich: „Und was arbeitet deine Frau?" Er antwortete etwas betrübt: „Sie ist schon viele Jahre krank und bekommt nur eine ganz kleine Rente." Nach einer kurzen Pause sagte er fast beiläufig: „Tante Käthe würde sich bestimmt freuen, wenn du uns mal besuchen kommst. So könntest du doch auch deine Ferien bei uns verbringen." Ich antwortete nicht darauf, sondern träumte nur leise vor mich hin, wie schön es doch sein würde, wenn ich den ganzen Tag lang mit Morle, ihrer Katze, den Kaninchen und in diesem wunderschönen winzigen Haus verbringen könnte. Mir kam nicht mal in den Sinn, meine Eltern zu fragen, ob ich hier Urlaub machen dürfte. Selten interessierten sich meine Eltern für meine Wünsche. Sie waren immer im Irrtum gefangen, dass was für sie gut und richtig scheint, sei zwangsläufig auch ebenso gut für uns Kinder. Dabei hätten sie doch nur nachfragen brauchen. Warum sie dies nicht taten, weiß ich auch nicht. Ob sie vielleicht selbst auch nicht in der Lage waren, ihre eigenen Bedürfnisse wahrzunehmen oder diese zu äußern?

Wir gingen beide mit den gekauften Kuchenstücken ins Haus zu den anderen. Ich musterte Tante Käthe und merkte, dass auch sie sehr herzlich zu mir war. Auch sie kannte mich noch nicht und dennoch schien ich ihr sofort ans Herz gewachsen zu sein.

Während ich mir den Apfelkuchen schmecken ließ, musterte ich sie noch sehr lange und als sie zu erzählen begann, dass sie in der nächsten Woche mit dem Bus in die Stadt fahren muss, um wieder alle Einkäufe für die Woche zu erledigen, hoffte ich, dass Onkel Erich die Frage nun auch meinen Eltern stellen würde. Doch sofort schaute meine Mutter auf die Uhr und meinte sehr auffordernd zu meinem Vater: „Wir müssen langsam losfahren, du weißt, dass die Fahrt noch lange dauern kann." Sofort schlug meine Stimmung um und ich lief aus der kleinen Wohnstube, die so liebevoll mit wundervollen Kissen, die mit handgestickten Blumenmuster und Sprüchen bestickt waren, dekoriert war. Ich wollte hierbleiben, wagte aber nicht zu fragen. Ich habe nicht gelernt, Bedürfnisse, die ich hatte, zu äußern. Ich lief hinaus und kletterte die Treppen des kleinen Fachwerkhauses nach oben und versteckte mich auf der

Bodentreppe und hoffte nun darauf, dass sie mich einfach vergessen würden.

Es dauerte noch eine Weile als ich die Aufbruchstimmung meiner Eltern hörte. Dann ertönte die Stimme meiner Mutter: „Manuela! Manuela!" Sie rief mich zum dritten Mal und immer noch mit einer ungewohnt ruhigen freundlichen Stimme, die mich verwunderte. Also stieg ich die Treppen traurig, aber zugleich erwartungsvoll hinab und gab ein fragendes „Ja?" von mir. Nun fragte mich mein Vater, ob ich ein paar Tage hierbleiben wolle und ich rief ihm freudig entgegen: „Ja Vati, Ja Ja!" Jetzt schienen sie aber etwas verwundert über meine Reaktion. Mein Blick ging jetzt zu meiner Mutter, die mir auch freundlich zunickte. Ich rannte ihr freudig entgegen und drückte sie vor lauter Freude, dabei spürte ich jedoch wenig Herzlichkeit ihrerseits.

Ich rannte sofort in den Garten zur Katze und erzählte ihr, dass wir jetzt viele Tage zusammenbleiben können. Meine Eltern packten die Sachen, die sie für mich mitgenommen hatten aus dem Auto und ich wunderte mich nicht einmal darüber, warum sie so viele Sachen für mich im Auto verstaut hatten. Wussten Sie schon, dass sie mich hierlassen würden? Vermutlich hatten sie gehofft, mich für ein paar Tage hier lassen zu können, um für sich einmal eine Auszeit von ihren vier Kindern nehmen zu können. Für meine Mutter war dies schon immer ein großes Bedürfnis uns Kinder während der Ferienzeit aus dem Haus zu haben und uns in Pionier- bzw. Trainingslager stecken zu können. Nur mit mir hatte sie halt das Problem, dass ich so gar kein Kind war, dass sich in diesen Pionierferienlagern wohlfühlte. Ich war nur ein einziges Mal in einem Ferienlager, genauer gesagt, war es das Zentrale Pionierferienlager in Schneeberg. Doch war ich nur 3 Tage dort, weil ich vor Heimweh schwer erkrankt war und von meinen Eltern abgeholt werden musste. Vermutlich lag es an einer tiefsitzenden Angst, von den Eltern nicht abgeholt oder gar vergessen zu werden. Seitdem musste ich auch nie mehr in ein Pionierferienlager fahren und fuhr mit meinen Eltern öfters auch allein in die Ferienheime des Ministeriums des Innern, kurz MdI.

Morle hat einen Unfall

Ich hatte mir schon immer ein Haustier gewünscht, nur mochte meine Mutter kein Tiere in unserer Wohnung. Und was meine Mutter nicht mochte, gab es nicht. Kein noch so kleines Tier. Ihre Antwort lautete immer ein genervtes „NEIN, lasst mich doch mit den Viechereien in Ruhe. Es gibt kein Haustier. Basta!"

Hier bei Onkel Erich und Tante Käthe sollte ich schon bald nicht nur mit einer Katze, sondern mit einer Katzenmama von zwei kleinen Katzenkindern meine wahre Freude haben. Wenige Tage nach dem meine Eltern weg gefahren sind, bekam Morle zwei kleine Katzenbabys, die sie oben auf dem Heuboden des Fachwerkhauses im Stroh versteckte. Zunächst kam sie nur noch zum Essen vom Boden herunter und ich durfte die steile Treppe, die kein Geländer hatte, nicht allein hinauf gehen. Zweimal am Tag stiegen Tante Käthe und ich die steile Bodentreppe zum Heuboden hinauf, um nach den kleinen Kätzchen und der Katzenmama zu schauen. Ich wartete schon sehr gespannt, dass Onkel Erich bald von der Arbeit kam, damit ich ihm alles über die Kätzchen erzählen konnte. Doch dann passierte etwas Schlimmes. Unsere Morle war verschwunden und die Kleinen mauzten lautstark nach ihrer Mama. Das Essen von Morle war schon den zweiten Tag nicht angerührt und so suchte Onkel Erich nach ihr. Er fand sie im Straßengraben direkt hinter unserem Haus und sie schien angefahren worden zu sein. Sie hatte Quetschungen quer über ihre Hinterläufe und diese schmerzten so sehr, dass sie ihre hungrigen Kinder nicht mehr säugen ließ.

Nun war nicht viel Zeit für meine Traurigkeit, denn nun bekam ich richtig Arbeit und eine große Verantwortung. Onkel Erich meinte zu mir „Es bleibt uns nichts anderes übrig, als die beiden Katzenbabys mit der Flasche zu ernähren." Ich rief vor Freude gleich zu ihm „Ja, ich will sie füttern bis Morle, ihre Babys wieder selbst säugen kann. Darf ich das machen?" Beide antworteten mir zeitgleich: „Das können wir dir nicht zumuten, du bist noch ein Kind und kannst doch nicht die ganze Nacht für die Babys sorgen" Oh, dachte ich und fragte, „Wie oft müssen sie denn gefüttert werden?" Tante Käthe meinte zu mir: „Alle zwei Stunden sollten sie ein Fläschchen bekommen, aber sie auf Flaschenernährung umzustellen, ist sehr schwierig." Nur musste erst mal eine für Katzenbabys geeignete Flasche her. Nun war das früher alles viel schwieriger als heute. Aber in der DDR lernte man in der Not immer zu improvisieren, wenn es etwas nicht gab. Tante Käthe und ich gingen erst einmal einkaufen und suchten nach einer Flasche Liebesperlen, die es auch nicht immer zu kaufen gab. Doch wir hatten Glück. Die Liebesperlen durfte ich alle aufessen. Tante Käthe meinte zu mir: "Wir brauchen jetzt das leere Fläschchen. Die kleinen Katzenkinder dürfen keine der Perlen bekommen, weil sie sich daran verschlucken und ersticken können." „Du kannst dich auf mich verlassen, ich lasse keines der Kügelchen drin" erwiderte ich verschmitzt.

Nun brauchten wir noch Katzenmilch, doch auch so etwas gab es damals nicht und so bereitete Tante Käthe eine Zweidrittelmilch aus einem Trockenmilchpulver von KiNa (Kindernahrung) und füllte sie in das längliche Fläschchen. Diese Flasche war auch sehr schmal und hatte einen geschätzten Durchmesser von 1,5 cm. Sie war mit einer kleinen Gummikappe versehen, die aussah, wie eine kleine Zipfelmütze.

Tante Käthe zauberte mit einer heißen Nähnadel noch eine winzige Öffnung in diese Zipfelmütze und zeigte mir, wie ich versuchen sollte, die Babys zu füttern. Sie ließ als erstes auf meinem Daumen etwas Milch tropfen und zog meinen Daumen sanft direkt vor das Mäulchen des Katzenbabys. Ich zog erst zurück und fragte: „Beißt sie mich auch nicht?" „Nein und wenn, dann würde es nur zwicken" antwortete sie mir. „Wir müssen das Kätzchen erst an diese neue Milch gewöhnen. Da musst du schon Geduld haben." Es gelang tatsächlich erst nach mehreren Versuchen, aber als die Kätzchen herausgefunden hatten, wie lecker die Milch schmeckte und der Hunger vermutlich groß genug war, begannen beide Kätzchen an der kleinen Spitze zu lecken und zu saugen. Sie akzeptierten die Gummizipfelmütze als Zitzenersatz und so nahmen sie bald wieder an Gewicht zu.

Die Kätzchen wurden jeden Tag zweimal gewogen. Dazu holte Onkel Erich eine alte schwere Waage aus dem Schuppen und stellte sie mit mehreren kleinen schwarzen unterschiedlich großen Gewichten, wie sie auch früher benutzt wurden, in der Nähe des Katzenlagers auf.

In der Nacht kümmerte sich Tante Käthe und am Tage ich mich um die Fütterung der beiden Kätzchen. Onkel Erich hatte in der Zwischenzeit ein Krankenlager für Morle in der Wohnstube gebaut und für die Katzenkinder wurde eine schöne Kinderstube in der Waschküche hergerichtet. Dazu holten wir mehrere Stoffwindeln und legten sie in eine mit Stroh versehene Höhle, die sie vor Zugluft schützen sollte. Die Trennung zur Mutter war notwendig, weil die Katzenbabys der Mutter sonst nicht die nötige Ruhe gelassen hätten, die sie zur Genesung brauchte.

Morle tat mir wirklich sehr leid und so war ich den ganzen Tag mit dem Umsorgen der Katzenmama und der Fütterung ihrer kleinen Babys beschäftigt. Ich wechselte ständig zwischen dem Krankenlager der Mutter und der Katzenstube in der Waschküche. Es war anstrengend, aber sie brauchten noch viel Zuwendung, die ich allen sehr gern geben wollte. So zögerte ich keinen Augenblick mich trotz eigener Müdigkeit, um sie zu kümmern. Am 10. Tag war es soweit. Morle begann sich mühsam vorwärts zu schleppen und suchte nach ihren Babys. Sie mauzte unentwegt. Dabei quälte sie sich sehr und so holten wir die Babys in die Wohnstube und versuchten nun die Kätzchen bei ihrer Mama anzulegen. Morle zuckte vor Schmerz, aber sie ließ ihre Kinder nicht mehr weg. Wie eine Löwenmama kämpfte sich Morle zu ihren Babys. Ich sah, dass sie große Schmerzen hatte, aber ihre Muttergefühle schienen stärker zu sein als ihre Schmerzen.

Die kleinen nahmen endlich deutlich zu und Morle erholte sich. Ich legte mich den ganzen Tag neben Morle und ihre Jungen und erzählte ihnen, wie sehr ich sie liebte und auf sie aufpassen werde, dass sie nicht wieder angefahren wird. Immer wenn sie durch den Zaun auf die Straße kletterte, wollte ich sie zurück holen. Aber sie war eben kein Stubentiger und das Leben mit den vielen Gefahren auf der Straße gewohnt. Auch für Katzen gibt es keine 100%ige Sicherheit.

Im Winter desselben Jahres durfte ich in den Winterferien nach Oberseifersdorf fahren. Inzwischen waren die kleinen Katzenkinder schon fast 4 Monate alt und mächtig gewachsen. Sie wohnten jetzt bei Frau Militzer, einer Nachbarin, bei der wir immer frische Eier kauften. Sie hatte auch viele Hühner und so wurden Morles Katzenkinder zu wahren Stubentigern.

Onkel Erich der Pilzkönig

Onkel Erich nannten die Oberseifersdorfer liebevoll den Pilzkönig. Viele Dorfbewohner kamen ein bis zwei Mal die Woche zu uns ins Haus, um vom Pilzkönig für die eigene Küche frischgesammelte Pilze zu kaufen. Dem Gastwirt Martin Schiffner, der seine Dorfkneipe in unmittelbarer Nachbarschaft hatte, brachte er mit mir immer eine Schale frische Pilze vorbei. Ich bekam eine Limonade, die sehr lecker schmeckte und Onkel Erich trank dann gleich ein bis zwei Bier.

Andere Dorfbewohner kamen auch nur, um zu fragen, ob es sich schon lohnt, selbst in den Wald zu fahren und einige kamen zu ihm, um ihre gesammelten Pilze von ihm begutachten zu lassen. Er kannte ziemlich alle Arten von Pilzen, und zwar die essbaren, die genießbaren, die ungenießbaren, die geschmacklich wertlosen, die giftigen und die wenigen tödlich giftigen Pilze. Er kannte auch immer jenen Pilz, der einem anderen giftigen Pilz zum Verwechseln ähnlich war. Vieles von diesem Wissen habe ich bei meinen eigenen

Pilzgängen, die ich später als Erwachsene unternahm, abrufen können.

Wenn niemand Pilze fand, Onkel Erich fand immer Pilze und so ging ich mit ihm gemeinsam jeden Mittwochnachmittag ins Königsholz und Sonntagfrüh fuhren wir gemeinsam mit dem Fahrrad schon um 4 Uhr in den Hain, einem sehr großen Waldstück. Hier suchten wir bis zum Mittag nach Pilzen und mir taten dann immer die Füße weh. Trotzdem war es so reizvoll für mich, dass ich immer wieder mitfahren wollte.

Es war wichtig, gleich in der Morgendämmerung loszufahren, um als erste Pilzsucher den Hain abzusuchen. Wenn es noch schummrig war, setzten wir uns an den Waldrand auf einen großen Baumstumpf und lauschten in den Wald hinein und freuten uns über das Gezwitscher der Waldvögel. Der Wald roch sehr verlockend nach frischem Moos, dem Duft von Tannen und Pilzen. Diese Luft war die deutlich angenehmere Landluft und die war wirklich heilsam. Hier draußen konnte ich aufleben und ich fühlte etwas sehr

Befreiendes, ohne dass ich es damals hätte so beschreiben können.

Das Königsholz war etwa eine halbe Stunde Fußweg entfernt und nur über einige Kuhkoppeln erreichbar. So musste ich oft über Elektrozäune klettern, die er zuvor mit seinem Gummistiefel sachte runtertrat, damit ich schnell hindurchklettern konnte. Ich hatte Angst vor dem Stromzaun, doch er meinte, dass ich ihm vertrauen könne. Ich tat es und kletterte immer sehr schnell hindurch. Dann trat ich in eine riesige grüne Lake von Kuhdreck und Onkel Erich meinte: „Alles nicht so schlimm, das ist nur ein frischer Kuhfladen". Der Gummistiefel stank die ganze Zeit bestialisch. Ich ekelte mich anfangs, aber später gewöhnte ich mich daran. Zu Hause wurden die Stiefel einfach im Bach mit einer großen Bürste gereinigt und der Gestank war weg.

Einmal waren die Milchkühe vor uns auf der Weide, doch die störten Onkel Erich nicht. Er rief sogar lautstark mit tiefer Stimme ein langgezogenes „Koooomm, Koooomm". Plötzlich setzte sich erst eine Kuh in

Bewegung, während ihr die anderen folgten. Sie wurden schneller und trabten direkt auf uns zu. Jetzt bekam ich doch Angst und versteckte mich hinter seinem Rücken und hielt mich an seiner blauen Arbeitsjacke fest. Er klatschte einmal und die Kühe verlangsamten ihre Schritte. Dann sollte ich auch klatschen und er trat kräftig mit dem Stiefel auf den Boden. Nun blieben sie erst verdutzt stehen und kehrten dann um.

Wir liefen weiter und kletterten wieder über den nächsten Zaun. Auf einem Feldweg angekommen, sahen wir einen kleinen Vogel aufsteigen und Onkel Erich sagte zu mir: „Manuela achte mal darauf, wann dieser Vogel, der gerade in die Höhe fliegt, zu singen beginnt und wann er wieder aufhört." Ich fragte zurück: „Wie meinst du das?" und er erwiderte mir: „Du musst nur gut zuhören und darauf achten, wann er genau singt. Da musst du genau beobachten, was er gerade tut, wenn er beispielsweise in die Höhe fliegt oder wenn er tiefer fliegt." Ich tat es und bemerkte, dass er beim Aufsteigen noch still und erst später, wenn er schon etwas in die Höhe geflogen ist, zu singen begann. Vermutlich genießt er mit seinem schönen Gesang die luftige Höhe. Ich beobachtete, dass dieser kleine Vogel seinen Gesang fast in derselben Höhe beendete, wo er zu singen begann. Onkel Erich erklärte mir, dass dies nur die Feldlerchen tun und ich sie so erkennen und auch an ihrem Gesang von anderen Vögeln unterscheiden kann. „Wenn du so die Natur leise beobachtest und immer wachsam mit deinen Augen und Ohren bist, wirst du die großen Wunder der Natur schätzen und lieben lernen." Diese Worte haben mich sehr geprägt und ich lernte im Wald immer zu lauschen, um zu hören, was der Wald mir alles zu sagen hatte.

Nach einem Marsch von etwa einer halben Stunde quer Feld ein, gelangten wir an ein größeres Waldstück, dass die Dorfbewohner seit vielen Jahren ihr Königsholz nannten. Ich war schon immer recht müde vom Laufen, denn Onkel Erich war deutlich größer als

Tante Käthe und wenn er einen Schritt tat, musste ich mindestens zwei tun.

Ich liebte die vielen Pilzwanderungen und wann immer ich den Wald betrat, begrüßte ich ihn mit den Worten: „Guten Tag lieber Wald, bitte schenke mir ein paar Pilze, damit Tante Käthe uns wieder ein leckeres Essen kochen kann." Ich glaubte es kaum, aber oft stellte sich bald darauf ein Pilz direkt vor meinen Gummistiefel, worauf ich stehenblieb und Onkel Erich freudig zurief: „Ich habe einen Pilz gefunden. Der Wald hat mich gehört." Er erwiderte: „Dann musst du dich bedanken und du wirst sehen, es wird nicht lange auf sich warten lassen, bis du den nächsten Pilz entdeckst." Oft stimmte dies auch und wenn ich heute in den Wald gehe, um Pilze zu suchen, vergesse ich es nie, den Wald zu begrüßen und ihm für jeden Pilz, den er mir schenkt, zu danken.

Auch heute zieht es mich immer wieder in den Wald und wenn mir dann der Duft vom feuchten nassen Waldboden, Nadelbäumen und frischem Moos in die Nase steigt, bleibe ich stehen, schließe meine Augen und nehme immer erst ein paar Atemzüge in mich auf, bevor ich meinen Waldspaziergang fortsetze. Die Pilzmenge eines Tages wurde ebenso notiert, wie auch die verschiedenen Sorten, die wir an dem jeweiligen Tag gefunden hatten. Oftmals, besonders aber in den Herbstferien fanden wir so viele Pilze, dass wir mit dem Putzen der Pilze den Rest des Tages zu dritt gut beschäftigt waren. Aber es machte mir riesigen Spaß alle Pilze nochmal zu betrachten und oft erkannte ich ganz bestimmte Pilze, die ich selbst gefunden hatte. Gern erzählte ich dann Tante Käthe davon, wo er gestanden und warum er so einen hellen Stamm hatte oder wie sich ein Pilz unterm Moos direkt am Wegesrand versteckte. Oft sagte ich zu ihr: „Tante Käthe du glaubst gar nicht, wie viele Pilze sich vor mir versteckt haben. Aber ich habe sie mit meinen Adleraugen immer gefunden." Onkel Erich verstand es, mein Jagdfieber nach Pilzen auszuprägen und immer, wenn ich einen gefunden hatte, an dem er vorbeigelaufen und ihn übersehen hatte, freute ich mich und rief ihm zu: „Hey Onkel Erich du hast schon wieder einen übersehen."

Er erwiderte: „Na ein Glück, dass ich dich mit deinen Adleraugen mitgenommen habe. Meine Augen sind schon älter als deine. Deshalb sehe ich nicht so gut wie du."

Er lehrte mir nicht nur die Pilzsorten, sondern auch das vorsichtige langsame Gehen, um keinen Pilz versehentlich umzutreten. Aber immer, wenn ich versehentlich einen Pilz zertreten hatte, tat es mir leid und ich entschuldigte mich dafür beim Wald. Anfangs stolperte ich oft über das Tannenreisig oder über die vielen Baumwurzeln. Onkel Erich hatte auch dafür ein Trostspruch parat: „Da muss irgendwo ein Pilz stehen, den du übersehen hast. Der Wald hat dich nur festhalten wollen, damit du nochmal genau hinsiehst." Ich tat es dann auch und oft fand ich tatsächlich den versteckten Pilz, den der Wald mir zeigen wollte, in dem er mich am Weitergehen hinderte.

Onkel Erichs Pilzkenntnisse waren für mich bewundernswert und so prüfte ich ihn immer wieder aufs Neue. Ich fragte nach jedem Pilz, den ich sah. Es kam selten vor, dass er mir eine Antwort schuldig blieb und so lernte ich sehr schnell unzählige Pilzsorten. Selbst die er nicht sammelte, weil sie zwar essbar waren, aber auch verwechselbar mit anderen giftigen Pilzen, kannte er. Sah er mal einen Pilz, den er nicht kannte, nahm er ihn in einem extra Gefäß mit und machte sich und somit auch mich schlau.

Schon Anfang Juli gingen wir Pilze suchen, deren Stellen Onkel Erich genau kannte und zielgerichtet ansteuerte.

In den Herbstferien sammelten wir so viele Pilze, dass wir jeder einen Eimer mitnahmen. Die beliebten Stockschwämmchen wurden in einem Netz aus Nylon gesammelt und nur die Köpfe mit einem Küchenmesser vom Stiel getrennt, der fest verwachsen mit dem Baumstamm war. Im Hain gab es etwa vier Baumstümpfe, an denen wir jedes Mal aufs Neue reichlich Stockschwämmchen geschnitten haben. Davon wurden meine Finger immer sehr braun von dem schleimigen Hütchen, aber sie hatten einen sehr aromatischen Duft und Tante Käthe kochte daraus immer eine leckere Stockschwämmchen-Suppe oder einen Braten mit gemischten Pilzen.

Onkel Erich führte sogar über jeden Pilzgang ein Tagebuch. Minutiös hielt er die Zeiten der Mondauf-, Sonnenauf- und -untergänge fest, die klimatischen Bedingungen, die in der entsprechenden Woche herrschten, wurden genauso notiert, wie die Wege, die wir gegangen sind. Auch die eine oder andere Pilzstelle von besonders seltenen Sorten notierte er. Dann wurden die Pilze sauber verputzt und mit der alten Eisenwaage und den niedlichen kleinen Gewichten abgewogen. Dabei machten wir immer Schätzspiele, wie schwer ein besonders großer Pilz, zumeist Rotkappe oder Steinpilz, wohl sein mag. Ich wurde immer besser im Schätzen und so konnte ich nach kurzer Zeit das Gewicht einer bestimmten Menge Pilze bestimmen. So lernte ich sehr schnell das richtige Gewicht aus der Holztruhe auswählen und erlernte schnell den richtigen Umgang mit der altertümlichen Waage.

Am späten Abend als ich zufrieden im Bett mit geschlossenen Augen meinen Tag nochmal gedanklich durchlebte, sah ich nur noch lauter Pilze und genau so, wie ich sie im Wald gesehen habe. Mal unter dem Moos versteckt, mal in einer Vertiefung unter dem Tannenreisig oder einen Zwilling, der so wunderschön und aufrecht gewachsen war.

In den Ferientagen in Oberseifersdorf schöpfte ich immer viel Kraft für die lange Schulzeit in Berlin. Ich brauchte meist einige Wochen, um mich auf das so ganz andere Leben in der Großstadt bei meinen sehr beschäftigten Eltern umzustellen.

Die wunderbare Zeit mit Tante Käthe und Onkel Erich war immer so herzlich, liebevoll und ganz ohne Stress. Hier auf dem Land tickten die Uhren einfach ganz anders.

Ich weiß, dass ich immer eine Art von Heimweh spürte, wenn ich wieder in Berlin in meiner Familie war. Ein anderes Heimweh, das Heimweh nach den Liebschers und ihrer

Landluft. Bis heute sind mir die Liebe zur Natur und meine Liebe zum ländlichen Leben abrufbar geblieben. Sie geben mir mit meinem Neuanfang seit 2015 auf dem Land diesen Zauber und die Kraft zurück, die für eine lange Zeit verloren schien.

Selbst heute sind mir immer mehr dieser schönen Erinnerungen präsent, die selbst beim Schreiben dieses Buches in mir ein Gefühl von etwas Wunderbarem wecken.

Chefköchin Käthe

Tante Käthe war nicht nur eine großartige Köchin, sondern auch eine sehr gute Hauswirtschafterin. Während Onkel Erich noch arbeiten ging, blieb ich meist zu Hause bei ihr. Es gab auch einige Dorfkinder in meinem Alter, doch wollte ich viel lieber mit Tante Käthe und Onkel Erich verbringen. Ab und zu besuchte ein Neffe, die Mutter von Onkel Erich, der dann auch ein paar Tage mit im Hause wohnte. Doch wirklich zusammen gespielt, hatten wir nicht.

Tante Käthe war froh, dass ich bei ihr meine Ferien verbringen durfte und ich hier auch immer meinen lästigen Husten, der mich in Berlin immer ständig quälte, wie von Zauberhand verschwand.

Sehr gern half ich ihr bei den vielen Haushaltsarbeiten, die ich bisher zu Hause nicht verrichten durfte. Vermutlich fehlte meiner Mutter die Zeit und die Geduld, mich in das ABC der Hauswirtschaft einzuweihen. Sie beschäftigte sich sowieso nie mit mir, also eigentlich auch nie mit uns vier Kindern. Es gab immer nur klare und kalte Anweisungen, die es ohne Widerrede zu befolgen galt.

Als ich 11 Jahre war, besuchte ich Tante Käthe und Onkel Erich oft mehrfach im Jahr. Anfangs waren es nur die Sommerferien, dann bettelte ich zu Hause, auch mal in den Winterferien nach Oberseifersdorf fahren zu dürfen und so wurden es sehr bald schon alle Ferien. Dafür war ich meinen Eltern sehr dankbar.

Ich weiß nicht, ob es ihnen so bewusst war, wie sehr ich dort im Wesen regelrecht

aufgeblüht bin und ich meine Eltern nicht einen einzigen Tag vermisst habe. Sicher haben sie nicht einmal bemerkt, wie schwer mir
das Zurück nach Berlin gefallen ist. Ich hatte
als Kind immer das innere Bestreben, für
meine Eltern sichtbar zu werden und so lernte
ich mich schon in sehr frühen Jahren über
den Arbeitseifer in der Schule und zu Hause
sichtbar zu machen. Dies hatte ich bei den
Liebschers gar nicht nötig. Wenn ich keine
Lust zum Gemüseputzen hatte, war das auch
okay. Mich drängte niemand, so dass ich ganz
von selbst meine Hilfe anbot, die sie dankend
und gern angenommen haben.
Tante Käthe war genauso lieb, wie Onkel
Erich und sie kochte immer sehr leckeres Mit-
tagessen, so richtige Hausmannskost eben.
Es war nicht nur lecker, sondern sehr abwechslungsreich und gesund. Gemüse, wie
grüne Bohnen, Zuckerschoten, Zwiebeln,
Möhren und Sellerie, sowie diverse Kräuter,
die sie zum Würzen der Speisen nutzte,
durfte ich in ihrem Garten mit einem großen
Durchschlag, den ich als Sieb kannte, ernten

gehen. Hier lernte ich als typisches Stadtkind, dass das Gemüse, das ich bisher nur aus der Kaufhalle kannte, auf dem Land erst angebaut, gehegt, gepflegt und letztlich auch geerntet wurde, bevor es in die Gemüseläden kam. Gemüse brauchten wir hier also nie in der Stadt kaufen, dies hatten die beiden selbst angebaut und das Gemüse, was sie selbst nicht hatten, bekamen sie in der Nachbarschaft. Ich durfte ihr immer helfen und ich tat es sehr gern. Das Möhrenziehen machte mir besonders Spaß. Dabei war dies gar nicht so einfach, die richtigen großen Möhren zu zupfen. Oftmals hatte ich nur eine dünne Wurzel am Kraut hängen, bis mir Onkel Erich geduldig zeigte, woran ich erkennen kann, welches Kraut schon richtige Möhren hatte. Schließlich konnte man das nicht auf Anhieb erkennen, denn die Möhren wachsen unter der Erde, während nur das frische und grüne Kraut über dem Boden sichtbar war.

Das Gemüseputzen, Kartoffeln schälen mit dem Kartoffelschäler oder auch das Auspuhlen der Erbsen bereitete mir große Freude. All diese Arbeiten lernte ich hier bei Tante Käthe. Und überhaupt, frisches Gemüse kannte ich in der Küche meiner Eltern nicht. Hier gab es immer nur Gemüsekonserven, die schon sehr grau aussahen und deshalb nicht wirklich schmeckten. Ich sah auch wie sehr sich Tante Käthe über meine Hilfe freute und es auch nicht vergaß, sich jedes Mal dafür zu bedanken.

Ein zauberschönes Gefühl, wahrgenommen und in den Arm genommen zu werden. All diese Zärtlichkeiten fühlten sich anfangs befremdlich an. Ich kannte diese Art von Zärtlichkeiten nicht und spürte diesem Gefühl immer wieder nach. Es steckte so viel Wärme darin, die ich in Berlin so sehr vermisste. Ich lernte etwas kennen, dass mir fremd war, es sich aber sehr angenehm anfühlte und so begann ich in Berlin, die Wochen bis zu den nächsten Ferien in meinem Hausaufgabenheft zu zählen.

Da es auf dem Land sehr schwierig war, mal eben schnell Fleisch zum Mittag oder andere Lebensmittel, wie Milch, Kaffee, Mehl, Zucker oder Drogerieartikel zu besorgen, hatte Tante Käthe verschiedene notwendige Rituale, die ihr den Alltag in dieser Mangelgesellschaft erleichterten.

Da gab es ihre festen Einkaufstage, an denen sie mit dem Bus in die nahegelegene Stadt Zittau fuhr. Der Bus fuhr jedoch nur zweimal am Tag. Morgens gegen 7 Uhr und zurück erst wieder ab 16 Uhr. Freitag war Einkaufstag in der Stadt und die Wege waren immer dieselben Läden, die sie mit mir ablief. Fleischer, Drogerie und einen Tante Emmaladen, wo es 1000 kleine Dinge gab. Auch in Zittau kannten sie Tante Käthe und freuten sich immer, wenn ich wieder mit dabei war.

Ich freute mich besonders, dass wir die Rücktour oft mit einem Taxi machten, eben weil wir nicht bis 16 Uhr warten konnten mit den vielen Lebensmitteln in unseren Einkaufstaschen, die schnell ins Kühle mussten. Aber dieser Freitagseinkauf war immer mit einem abschließenden Besuch im Klingelcafé in der Nähe des Rathauses verbunden.

Ich betrat das Café mit Tante Käthe und wir setzten uns an einem Tisch, wo sich direkt an jedem Tisch eine Klingel befand. Diese war mit einem Hinweis versehen, dass man sofort seine Bestellung eines heißen Filterkaffees durch das einmalige oder zweimalige Klingeln in Auftrag geben konnte. Einmal Klingeln für eine Tasse Kaffee und zweimal Klingeln ein Kännchen Kaffee. Ich hätte für Tante Käthe mehrere Tassen oder Kännchen bestellt, nur um klingeln zu dürfen. Manchmal ließ sie sich breitschlagen und ich durfte ihr dann noch eine zweite Tasse „herbei klingeln". Ich liebte dieses Café, auch weil es dort so leckeres Softeis für mich gab. Ganz in der Nähe am Rathausplatz befand sich auch das Büro der Taxigesellschaft, wo wir immer schon zu einer bestimmten Zeit persönlich unser Taxi für die Rückfahrt nach Oberseifersdorf, dass etwa 6 km entfernt von Zittau war, anmelden mussten. Manchmal dauerte es auch dort noch ein bisschen und wir bekamen dort immer auch kalte Getränke.

Den ganzen Tag war ich mit ihr zusammen und erfuhr ihre Liebe und ihre Zuwendung, die sie mir bedingungslos entgegenbrachte.

Essenplan und Einkaufszettel waren notwendige Utensilien ihrer Haushaltsplanung. Ohne diese wäre es ein schwieriges Unterfangen geworden, so abwechslungsreich zu kochen und den Haushalt mit den notwendigen 1000 kleinen Dingen auszustatten.

Die einfachsten Verbrauchsmittel waren hier auf dem Land nicht ausreichend und manchmal wochenlang gar nicht zu bekommen. Vieles davon kannte ich bisher nicht als Mangelware und darum fand ich es meist eher spannend und aufregend, wie Tante Käthe dies alles so meisterhaft organisiert bekam.

Da war das Toilettenpapier, was ich leider selten vorgefunden hatte. So zerschnitten Onkel Erich und ich regelmäßig die regionale Tageszeitung, die Neue Bunte Illustrierte, NBI, und die „Für Dich" in kleine Blätter und bohrten ein Loch durch, um diese an einen Balken neben dem „Plumpsklo" anstelle des Toilettenpapier aufzuhängen. Bastelstunde, die ich eher lustig fand. Zeitung zu Klopapier verarbeiten. Wenn das mein Vater wüsste, dachte ich mir beiläufig. Was ich nicht so lustig fand, war, der eigentümliche Geruch von Druckerschwärze und das Rutschen des glatten Papiers der Illustrierten beim Abwischen.

Der Wochenspeiseplan

Die Wohnstube war recht klein, fast quadratisch und hatte 4 niedliche Fenster, wie es für die Fachwerkhäuser üblich war. Sie hatte eine geschätzte Fläche von 3,5 m x 2,5 m. Ich fand die Bezeichnung als Wohnstube etwas ungewohnt, denn bisher kannte ich nur Wohnzimmer. Aber ein Wohnzimmer wäre wohl nicht wirklich angemessen für einen so winzigen Raum. In der Wohnstube gleich an dem alten dunklen Büfettschrank links neben der Tür hing ein Zettel mit der Überschrift: Speiseplan für die Woche vom ...
Darunter standen die Wochentage, das Gericht und einen Vermerk, wo sie was bestellen musste, um es zum Wocheneinkauf auf dem Einkaufszettel zu haben, der ebenso genau

nach den verschiedenen Geschäften sortiert wurde. Nicht selten stand da eben auch beim Fleischer immer eine Alternativvariante, falls es das eine oder andere nicht gab. Worüber ich mich lange wunderte war die Tatsache, dass Tante Käthe beim Fleischer einen Zettel abgab und zwei Stunden später in den Laden ging und das gepackte Fleischpaket entgegennahm, während die Verkäuferin ihr etwas ins Ohr tuschelte. Tante Käthe bezahlte die Summe, die die Verkäuferin ihr nannte. Zu Hause angekommen, bekam ich oft mit, dass da viel mehr an Wurst drin war, als wir auf den Zettel geschrieben hatten. Auch das war eine Art der Beschaffung seltener Lebensmittel, die man zusätzlich eingepackt bekam, ohne sie bestellt zu haben. Bückware eben. Nie brachte sie davon etwas zurück oder überprüfte die Ware mit dem Preis, den sie bezahlte. Es war in Ordnung so und sie freute sich oft, wenn da auch noch mal ein paar Rouladen im Paket waren.

Tante Käthe schrieb immer einen Wochenspeiseplan und achtete akkurat darauf, dass sich ein Essen innerhalb von zwei Wochen nicht wiederholte. Immer wenn ich in den Ferien bei ihr war, durfte ich mir meine Lieblingsessen wünschen. Lieblingsessen? Was ist das? Nie wurden wir Kinder bei unseren Eltern gefragt, was wir wohl gern essen würden. Dies bestimmte immer unsere Mutter und wenn wir mal herum mäkelten, weil uns ein Essen so gar nicht schmeckte, kam der häufig gehörte Satz in eisiger Kälte: „Es wird gegessen, was die Kelle gibt." Und hier bei Tante Käthe, wurde *ich* gefragt, was meine Lieblingsessen seien. Ich gewöhnte mich sehr schnell daran und gern daran, weil es mir Freude machte, Essen für uns drei bestimmen zu dürfen. Ab und an gab es auch Vorschläge von Tante Käthe, wie beispielsweise Blumenkohlschnitzel mit Ei und Kartoffeln, Lungenhaschee, Geschmorte Herzen oder Apermauke (Stampfkartoffeln) mit Pilzen. Sehr bald lernte ich ihre hervorragenden Köstlichkeiten, aber auch den eigentümlich klingenden Dialekt der „Äberlausitz" kennen. Da ich ganze vier Wochen bei den Liebschers, bleiben durfte, wusste ich bereits in den nächsten Ferien auch was meine Lieblingsgerichte waren: Pilzgulasch mit bayrisch Kraut, dass sie selbst zubereitete, Krautwickel, Eierragout, Hering in Sahnesoße, Pilzschnitzel und Apermauke. Sie kochte auch sehr leckere Eintöpfe und so sagte sie zu mir: „Samstag gibt es immer einen Eintopf. Welchen Eintopf isst du denn gern?" Da war sie wieder diese Frage, auf die ich immer nicht gleich zu antworten wusste und so zuckte ich nur mit meinen Schultern. Dann fragte sie mich: „Isst du auch gern quer durch den Garten?" Ich muss sie wohl sehr komisch angeguckt haben, als sie ergänzte: „Quer durch den Garten ist ein Eintopf, in denen viele verschiedene Gemüsearten frisch geerntet und dann entsprechend der Garzeiten nach und nach in die zuvor gekochte Brühe getan und vorsichtig gegart werden." Dabei schmunzelte sie verschmitzt und verkniff sich aber ihr Lachen. Ich glaube, sie ahnte, dass ich an dieser Stelle ein Lachen ihrerseits nicht ertragen hätte. Es hätte mich an die Schultage erinnert, wo immer mal jemand ausgelacht wurde, wenn er oder sie etwas „falsch" gesagt hätte. Wieso sie sich so gut in meine Gedanken einfühlen konnte, fragte ich mich später immer wieder.

Sie war eine sehr einfache, aber sehr gefühlsbetonte und warmherzige Frau. Was sie sagte, meinte sie auch so. In Berlin begegneten mir die Erwachsenen immer sehr gefühlsarm und sprachen mit Kindern immer so von oben herab.

Dieser Eintopf war tatsächlich ein „Quer durch den Garten Essen". Denn für dieses leckere Gericht ging sie immer gern in ihren Kleingarten und erntete viele verschiedene Gemüsesorten. Doch nun durfte ich mit einem großen Durchschlag quer durch ihren Garten gehen und Möhren aus der Erde ziehen, was gar nicht so leicht war, wie es schien, denn nicht an jedem Bund Kraut hing eine Möhre. Des Weiteren erntete ich nach und nach die Schoten und die grünen Bohnen. Den großen weißen Blumenkohl von der Nachbarin Frau Militzer holte ich zu Letzt.

Zum ersten Mal erntete ich das Gemüse nicht in einer Kaufhalle oder einem Gemüseladen und es kam auch nicht wie bei meinen Eltern aus der sehr grauen Glaskonserve. Ich war ein Stadtkind und hatte so ein Dorfleben nie zuvor kennengelernt. Nun lernte ich, wie lecker ein deftiger Gemüseeintopf schmecken kann. Zumal Tante Käthe auch eine Kräuterecke in ihrem Garten hatte und ich bei ihr lernte, was Küchenkräuter an einem Eintopf ausmachen können. Sie ließ mich das gemeinsam zubereitete Essen immer kosten und sagte: „Manuela, komm mal bitte und schmecke den Eintopf ab." Gleich zwei Dinge, die mich an diesen einen Satz für einen Moment zögern ließen. Erstmal kannte ich das Wort abschmecken nicht, doch dies erklärte sie mir sofort, als sie in mein fragendes Gesicht sah. Dann stutzte ich darüber, dass sie oft Bitte zu mir sagte, wenn ich für sie etwas tun sollte. Meine Mutter kannte das Wort Bitte sehr genau. Sie selbst benutzte es aber im Umgang mit uns Kindern äußerst selten. Aber wehe, wenn wir Kinder nicht Bitte sagten. Genau genommen, gab es ja nichts, worum ich sie hätte bitten können. Es käme ohnehin ein NEIN.

Wünsche oder Bedürfnisse nach etwas Bestimmtem zu äußern, lernte ich erst hier. Dabei war es auch unwichtig, ob sie mir einen Wunsch auch mal ablehnten. Mit ihrer kleinen Rente und Onkel Erichs wenigen Lohn zählten sie wohl eher zu den Armen. Dennoch fehlte es mir bei ihnen an nichts und komischerweise kam ich bei ihnen nie auf die Idee, ein gesagtes NEIN gegen mich gerichtet zu sehen. Sie zeigten mir immer sehr deutlich, wie sehr sie mich mochten.

Dadurch, dass Tante Käthe den ganzen Tag über mit mir allein in diesem Haus wirtschaftete, hatte ich ihre ständige Zuwendung und spürte vermutlich zum ersten Mal, was mir zu Hause in Berlin fehlte. Es waren nicht die materiellen Dinge, sondern vielmehr das Wahrgenommen werden, die Wärme und die herzlichen Gespräche, in denen ich mich so wohl, angenommen und geliebt fühlte. Immer wenn die Ferien dem Ende nahten, sank meine Stimmung. Ich bemerkte es selbst nicht, aber Tante Käthe fragte mich dann: „Hast du Heimweh, Manuela?", worauf ich ihr traurig erwiderte: „Ich möchte noch nicht nach Hause. Wir wollten doch noch..." Mir fielen so viele Dinge ein, die wir noch gemeinsam machen wollten.

Sie nahm mich in den Arm und streichelte mich, doch in diesen Momenten, ertrug ich ihre Zärtlichkeiten nicht mehr. Sie fühlten sich zu sehr nach Abschied an und mir wurde wieder bewusst, dass es eine sehr lange Zeit dauern würde, bis wir uns wieder sehen können. Tränen kullerten mir über die Wangen und ich versteckte sie vor ihr. Ich wollte Tante Käthe nicht auch noch traurig machen.

Tiere vor dem Hexenhaus

Wenige Tage nach meinem ersten Ankommen bei meinen Ferieneltern fragte mich Onkel Erich: „Manuela hast du schon mal Rehe oder Wildschweine gesehen?". Ich antwortete: „Ja, im Tierpark Berlin habe ich sie immer mit etwas altem Brot und Eicheln gefüttert und auch die vielen Enten, die immer gleich hinterher gelaufen kamen, wenn ich mit meiner Brottüte knisterte." Onkel Erich meinte aber, ob ich sie schon mal in freier Wildbahn gesehen hätte. Ich überlegte erst wie er es gemeint hatte und musste lachen. „Ich wohne in Berlin. Das ist eine Großstadt, da gibt es keine freie Wildbahn."

Er schlug mir vor, am Abend vor dem Dunkelwerden aufzubrechen und uns etwas heißen Tee und ein Butterbrot fertig zu machen. Dann sagte er zu mir: „Damit wir aber auch wirklich ein paar Rehe oder gar Wildschweine zu sehen bekommen, müssen wir auf ein Hochstand klettern und uns ganz ruhig verhalten. Hast du Lust darauf?" Ich dachte nicht lange darüber nach, denn ich freute mich, dass ich nun auch noch am Abend mit Onkel Erich in die Dunkelheit hinein einen Spaziergang machen durfte. Ich hatte keine Ahnung, was er mit einem Hochstand meinte. Aber das war mir egal. Hauptsache mit ihm Zeit verbringen. Also fragte ich ihn danach: „Was ist denn ein Hochstand und muss ich da sehr hoch klettern? Ich bin nicht gut im Klettern und habe immer Angst." Er beruhigte mich und sagte: „Du musst keine Angst haben, denn ich klettere dicht hinter dir. Es kann dir nichts passieren und es sind nur ein paar Stufen einer sehr breiten Holzleiter."

Wie kam es, dass ich so viel fragte? Ich habe zu Hause selten gefragt, sondern immer nur das getan, was meine Eltern oder die Lehrer von mir verlangten. Niemand interessierte sich dafür, ob ich Angst hatte oder nicht. Manchmal glaubte ich, sie würden mir gar nicht zu hören, sie waren mit wichtigeren Dingen, wie Zeitung lesen, Nachrichten hören oder einfach mal ein Glas Halb und Halb, ein Magenbitter oder Kirsch-Whisky trinken, ohne von unserer ewigen Fragerei gestört zu werden.

Hier bei den Liebschers gab es keine meiner Fragen, die nicht beantwortet wurden. So konnte ich wenigstens hier meine kindliche Neugierde zurück gewinnen.

Onkel Erich und ich zogen Gummistiefel an und er nahm für mich eine zusätzliche Jacke mit, damit ich nicht friere, während wir still sitzend auf die Tiere warteten, die bei Dämmerung aus dem Wald gelaufen kamen, um zu äsen. Wir liefen den Feldrain entlang und er beobachtete bereits auf dem Weg zum Waldrand, wo der Hochstand stehen würde, viele Tiere. Nach einer guten halben Stunde erreichten wir das kleine Waldstück, welches umgeben von grüner Wiese und einem Getreidefeld war.

Als ich genauer hinsah und stehen blieb, meinte Onkel Erich: „Da ist unser Hochstand." Ich schaute etwas zögerlich zum Hochstand und überlegte, ob ich da wirklich raufklettern sollte. Mein Zögern blieb Onkel Erich nicht verborgen und so fragte er: „Was ist, du hast doch keine Angst, oder doch?" und schmunzelte etwas in sich hinein.

Ich musterte dieses hölzerne Bauwerk und fand es sah aus, wie ein kleines Haus auf vier Füßen mit einer Leiter, die nach oben führte. Ich fand es sah lustig aus und erinnerte mich sofort an ein Hexenhaus der russischen Hexe Babajaga. Ich gestand meine Angst und fügte hinzu: „Das ist ein Hochstand? Es sieht aber aus wie Babajagas Haus." Onkel Erich erwiderte: „Ich verspreche dir, da oben ist keine Hexe und auch niemand anderes drin. Manchmal sitzt da nur ein Jäger, aber dann stünde hier sein Fahrrad." Ich beruhigte mich und begann Stufe für Stufe nach oben zu klettern, als ich jedoch an der letzten Stufe angekommen war, kam die Angst vor der Höhe. Wir sind gefühlt viel weiter oben, als es von unten aussah. Als ich aber runter sah, wurde mir mulmig und ich schaute schnell wieder zum Haus. Mein Herz pochte vor Aufregung. Ich wusste nicht, wie ich jetzt von der letzten Stufe auf die Ebene des Hochstandes klettern sollte. Ich klammerte mich fest an der letzten Stufe. Doch dann spürte ich, wie nahe Onkel Erich hinter mir war und er mich zwischen seinen Armen eine angenehme Sicherheit fühlen ließ. Er kletterte an mir vorbei, um mich dann auf die knarrenden Holzbohlen des Hochstandes zu ziehen.

Das Haus war quadratisch und hatte zwei Fenster und eine Tür. Onkel Erich meinte, wir sollten uns jetzt reinsetzen und noch ein wenig still sein. Die Zeit wurde immer länger und ich begann ungeduldig zu werden. Er erzählte in einem leisen Flüsterton von seinen Erlebnissen mit dem Fuchs im Kornfeld, der auf Jagd nach Mäusen sehr gefährliche Sprünge vor den laufenden Mähdreschern machte und dabei seine dicke buschige Rute als Steuer benutzte. Er beschrieb mir all seine Erlebnisse so bildhaft, dass ich ihm einfach gern zu hörte und auch neugierig nachfragte, wenn ich mehr wissen wollte.

Plötzlich unterbrach er sein Flüstern und hielt seinen Zeigefinger vor seinen gespitzten Lippen, was mir signalisierte, dass er etwas entdeckt hatte. Er zeigte in die Richtung des Waldesrandes, aus dem ein Rehbock und zwei Ricken heraus traten. Ich war ganz aufgeregt, denn zum ersten Mal sah ich Rehe frei in der Natur. Sie waren so anmutig und wunderschön anzusehen und ich schaute immer wieder auf den Waldrand, ob vielleicht noch mehr Tiere zum Grasen des saftigen Grüns der Wiese heraus kämen. Eine Weile später als kein weiteres Reh und auch keines der Wildschweine zu sehen waren, tranken wir den Tee und ich aß ein Butterbrot. Denn von der frischen Luft bekam ich immer schnell Hunger. „Das liegt an der vielen frischen Luft. Komm wir werden wieder den Heimweg antreten." Ich wollte noch nicht gehen und die versprochenen Wildschweine sehen. Aber er meinte, dass wir öfters hierher kommen und bestimmt irgendwann auch andere Tiere beobachten können. Und er sollte recht behalten.

An einem anderen Tag, ein Nachmittagsausflug zu meinem Hexenhaus auf Leiterfüßen konnte ich einen Bussard im steilen Sturzflug nach unten aus einer großen Höhe beobachten, wie er sich eine Maus krallte und mit dieser zu einem Pfosten des Elektrozaunes direkt unter uns flog und begann, die arme kleine Maus auseinander zu reißen und zu fressen. Dies fand ich grausam, aber Onkel Erich verstand es immer sehr gut, mir die Natur und das Leben der Tiere kindgerecht zu erklären.

Ein anderes Mal bastelte er mit mir aus einer Wahlnusshälfte eine Lockrufhilfe für den Specht. Ich hatte doch noch nie einen zu Gesicht bekommen. Er nahm eine halbe Walnussschale und spannte einen Gummi quer darüber. Dann nahm er ein Streichholz und schob es unter den Gummi über die Wahlnusshälfte. So konnte man mit dem Streichholz immer schnippen und es knackte recht laut. Und tatsächlich kam ein Specht, der auf meinen Lockruf antwortete. Leider habe ich ihn nie sehen können. Ich war von Onkel Erichs Naturkenntnissen so sehr beeindruckt und begeistert, dass ich ihn dafür liebte.

Ich war von Onkel Erichs Naturkenntnissen so sehr beeindruckt und begeistert, dass ich ihn immer sehnsüchtig Tag für Tag erwartete bis er von seiner Arbeit kam. Durch ihn habe ich sehr vieles über die Tiere im Wald, die Natur und Pilze erfahren können und er fesselte meine ganze Aufmerksamkeit.

Ich spürte wie ich mich hier auf dem Land pudelwohl fühlte. Auch das Dorf und das Leben hier war so voller Wunder und es hatte so schöne und viele kleine Fachwerkhäuser. Die Menschen im Dorf waren immer sehr nett zu mir. Ich empfand alles so wunderbar entspannend, fühlte mich hier frei, weil es einfach nur Liebe, Wärme und Verständnis gab und nur wenig Regeln.

Waschtag wie im Mittelalter

Es war etwas ganz Besonderes für mich, wenn ich Tante Käthe bei ihrer großen Wäsche helfen durfte. Dafür mussten wir erstmal aus dem Gewölbe zwei große Zinkbadewannen und eine weitere kleinere Zinksitzwanne holen. Ihre Waschgefäße und dazu noch ein Holzbrett, dass für das spätere Abtropfen der Wäsche über die Wannen gelegt werden musste, wirkten auf mich sehr altertümlich.

Dann holte sie noch den großen Wäschestampfer, der ebenfalls aus Zink war. Sie wollte doch mit mir ihre große Wäsche machen, dachte ich so bei mir und fragte: „Wozu holst du jetzt diese Badewannen raus. Wir wollen doch Wäsche waschen. „Ja mein Kind, damit waschen wir hier unsere Wäsche." Es muss doch schwer sein, wenn Tante Käthe, die schweren Wäschestücke einzeln in den Wannen waschen will. Sie war nicht sehr groß und schon bald wurde ich größer als sie. Ich freute mich auf die Waschtage, denn für mich waren sie ein spannendes Abenteuer. Mit diesen altertümlichen Geräten, die Wäsche draußen im Garten zu waschen und Tante Käthe dabei helfen zu dürfen, machte mir einfach Freude. Wir waren mit der großen Wäsche, die im Garten stattfand, den ganzen Tag beschäftigt. Wie jedes Kind viel Freude am Spielen mit Wasser hat, erging es mir an einem solchen Tag auch.

Dass die Sonne den ganzen Tag scheinen sollte, versteht sich von selbst. Als erstes mussten wir alle Wannen mit klarem kalten Wasser füllen und da dies nur per Blecheimer möglich war, nahm allein das Befüllen der drei Wannen ganz schön Zeit in Anspruch.

In diesem Wasser sollte die Wäschestücken gründlich gespült werden, nachdem sie aus der Waschmaschine heraus genommen und zu den Wannen nach draußen gebracht werden mussten. Allerdings wunderte ich mich auch über diese Waschmaschine. Sie sah so lustig aus, wie ein Bierfass, dass ich glaubte, sie hat diese Waschutensilien alle aus dem Museum geholt.

Diese Waschmaschine war ein riesiges Holzfass mit einem Holzkreuz, welches beweglich war und die Wäsche in der Lauge hin und her bewegte. Wenigstens mussten wir das Kreuz nicht von Hand bewegen, sondern diese hölzerne Waschmaschine funktionierte tatsächlich schon elektrisch.

Als die Waschzeit abgelaufen war, holte Tante Käthe die heiße Wäsche aus der Maschine und ich durfte auch einen Eimer mit Wäsche raustragen und in das kalte Wasser legen. Dann kam das schönste an der ganzen Wascherei. Ich nahm den riesigen Wäschestampfer, dessen Stiel gefühlt zweimal so lang war wie ich, und stuckte mehrfach die Wäschestücke. Das war für mich Schwerstarbeit. Denn immer, wenn ich die Wäsche unterstucken wollte, gluckste es laut und die Wäsche kam zum Teil in Form einer riesigen Blase wieder an die Oberfläche. Es machte mir riesigen Spaß, diese Wäscheblasen immer erneut unterzutauchen. Egal wie oft ich sie unterstuckte, sie tauchte immer an anderer Stelle wieder auf.

Dann wurde die Wäsche ins nächste Wannenbad gegeben und alles begann wieder vom Neuen, bis dann auch das dritte Bad endlich das Klarspülen beendete. Die Wäsche wurde auf einer langen Leine, die zwischen den Bäumen im Garten erst gezogen werden musste, aufgehängt. Da ich inzwischen einige Zentimeter größer als Tante Käthe war, hängte ich die Wäsche auf und sie gab sie mir immer richtig in die Hand. So brachte sie mir auch das richtige Aufhängen der Wäsche bei. Für Tante Käthe war es sehr wichtig, dass die Unterwäsche auf der Leine im Garten nicht zur Schau gehängt, sondern eher versteckt zwischen den großen Wäschestücken, wie Decken oder Kissenhüllen werden sollte.

Freizeitgestaltung am Abend
Häufig hatten wir wunderschöne Handarbeitsstunden zu dritt an zahlreichen Abenden gehabt. Fernsehen jedoch war selten eingeschaltet. Aber am Montagabend schauten wir

immer die Fernsehsendung „Willi Schwabes Rumpelkammer" in der immer sehr alte Fernsehfilmausschnitte gezeigt wurden, die ich schon von zu Hause kannte. Am liebsten sah ich die alten Filmausschnitte mit Marika Rökk, wenn sie steppte. Tante Käthe konnte auch ein wenig steppen und so tanzte sie manchmal auch mit. Allein beim Zuschauen hatte ich einen riesigen Spaß und als ich es selbst probierte, kam ich mit dem Tempo von Hacke – Spitze – Hacke – Spitze immer aus dem Takt. Ein anderes Mal sah ich in einem alten Film, wie eine Gruppe junger Menschen den Twist tanzte und so fragte ich Tante Käthe: „Wollen wir den Tanz mal probieren." Sie bejahte freudig, denn sie tanzte gern und ich fand es einfach prima, dass sie niemals ablehnte. Immer war sie bereit, mit mir Spaß zu haben und erfreute sich an meinem Lachen, genau wie ich mich an ihrem.

Am Liebsten mochte ich die Spieleabende mit den beiden und ich lernte bei ihnen noch andere Spiele. Wir spielten verschiedene Würfelspiele mit 6 Würfeln, wie 10.000, große Straße, kleine Straße oder mit 2 Würfeln die

Filzlaus. Wir hatten immer einen großen Spaß und ich spielte diese neuen Würfelspiele immer gern auch mit Mario zu Hause. Im Hintergrund hörten wir dabei meist ruhige Musik oder Schlagersendungen, die im Radio ausgestrahlt wurden.

Doch in den Winterferien gab es den wunderbar und sehr schönen Brauch, die Abende mit Handarbeit auszufüllen. Handarbeit kannte ich aus dem Unterricht der ersten Klasse, wo ich mit dem Umgang von Nadel und Garn vertraut gemacht wurde. Tante Käthe sammelte immer die kaputten dicken Arbeitssocken von Onkel Erich in einem großen Korb und wenn es so einige Socken angesammelt hatten, war am Abend „Flick- und Stopfstunde" angesagt.

Gern wollte ich dies auch ausprobieren und so fragte ich Tante Käthe: „Kann ich das auch machen?" Sie erwiderte: „Das weiß ich nicht. Hast du das schon mal zu Hause oder in der Schule gemacht?" Natürlich nicht, denn ich habe das bei meiner Mutter nie gesehen, dass sie je etwas gestopft hatte. Tante Käthe stopfte die Socken ohne Hilfsmittel. Doch mir gab sie gleich einen Stopfpilz, weil meine

Hand noch zu klein war, um die Socke fest genug über die Faust zu spannen. Schon nach der ersten Socke lobte sie meine Arbeit und meinte: „Das sieht sehr sauber und gleichmäßig aus. Du lernst schnell. Da kann deine Mutter stolz auf dich sein. Wenn du Lust hast, darfst du gern weiter stopfen."

Als ich aber immer wieder die schönen Kissenhüllen auf ihrer kleinen Couch bewunderte und sie mir erzählten, dass sie alles selbst gestickt hätten, wollte ich auch dies erlernen und fragte: „Kann ich das auch mal versuchen?". Tante Käthe antwortete: „Na klar, dazu musst du dir aber bis zu den nächsten Ferien einiges besorgen lassen. Wir arbeiten schon lange ohne Hilfsmittel, was für dich aber noch zu schwer sein dürfte."

„Was für Hilfsmittel sind denn das? Hast du keine Nadel und Wolle mehr dafür?" fragte ich zurück. Tante Käthe gefiel mein unstillbarer Tatendrang. Sie wühlte im großen Korb ihrer Handarbeitssachen und fand noch eine angefangene Arbeit, die sie mir zeigte. Hier kannst du dich daran versuchen, wie du ohne einem Stickring zu recht kommst. Das

Stofftuch war ein Übertuch für einen Küchen-handtuchhalter, der mit vielen kleinen vorge-malten Kreuzen versehen war, die eine Blu-menwiese andeutete. Ich bemühte mich, so gut und vorsichtig zu sticken, damit ich dieses halbfertige schöne Tuch nicht verderbe. Tante Käthe saß neben mir und erklärte mir in einer sehr geduldigen Art, wenn ich etwas wieder auftrennen musste, weil es nicht so sauber aussah. Schon sehr bald verstand ich das Muster und stickte drauf los. Doch was nun, wenn mein Faden zu kurz geworden und fürs Sticken unbrauchbar geworden ist? Das Versticken des Fadens auf der Rückseite des Tuches war das schwierigste an der Stickar-beit. Schließlich galt es den Faden so gut zu verstecken, dass am Ende der Arbeit, die Rückseite auch genau dem Muster der Vor-derseite entsprach. Da mir der Stoff beim Sti-cken immer wegrutschte, legte ich meine Ar-beit zur Seite und wollte bis zu den nächsten Ferien warten und hoffte, dass mir dann das Spannen des Stoffes besser gelingen würde. Hierfür bekam ich einen Einkaufszettel für Berlin mit, was ich mir von meinen Eltern besorgen lassen sollte. Auch einen Satz Stopfnadeln und Stickgarn in verschiedenen Farben müssten wir besorgen, weil es hier auf dem Land schwer zu besorgen ist.

Da ich im Juni meinen Geburtstag habe, wünschte ich mir einen Stickkasten mit Stickring und Stickgarn, den ich dann auch geschenkt bekam. So freute ich mich schon auf die nächsten Sommerferien.

Die Arbeit ging viel leichter von der Hand und ich schaute immer gern den beiden zu, wenn sie an ihren Stücken arbeiteten.

Onkel Erich stickte sogar mit Seide auf einer schwarzen Kissenhülle. Es war ein Zillemuster mit dem Spruch: „Durst ist schlimmer als Heimweh." Er sagte zu mir: „Das ist mein Leitspruch, wenn ich bei den Schiffners mal länger verweile." Damals verstand ich noch nicht, was er mir sagen wollte. Es machte mir Freude, das Bild auf dem Stoff der kleinen Tischdecke wachsen zu sehen. Die bunten Farben ließen eine farbenfrohe Decke entstehen, die aber noch einige Mängel an der Rückseite aufwiesen. Trotzdem war ich stolz und freute mich auf mein erstes fertiges

Werk. Während der Arbeit schaute ich immer zu der Arbeit von Onkel Erich, der ein richtiger Handarbeitsmeister war und bewunderte ihn, was er alles mit seinen rauen Maurerhänden an so feiner Handarbeit stickte.

Meine ersten Winterferien

Im letzten Jahr bekam ich zum ersten Mal richtige Ski vom Weihnachtsmann geschenkt und freute mich auf meine ersten Februarferien, die ich wieder bei den Liebschers verbringen würde. Ich bettelte darum, dass ich doch die Ski mitnehmen wolle, weil Onkel Erich mir das Skifahren erlernen würde. Ich konnte meine Eltern überreden und durfte die Ski mitnehmen. Voller Freude packte ich meinen Koffer und die Ski wurden zusammengeschnürt und mir in das Zugabteil gestellt, als ich die 5stündige Zugfahrt von Königs Wusterhausen nach Zittau antrat. In Zittau angekommen, hatte Tante Käthe eine Taxiheimfahrt nach Oberseifersdorf bestellt, um die ganze Schlepperei mit dem sperrigen Gepäck im vollen Bus zu vermeiden.

Leider gab es noch keinen Schnee auch hier im Gebirgsland nicht. Aber es schneite noch wenige Tage vor der Rückfahrt und freudig nahm ich meine Ski und die Skistiefel und stellte sie vors Haus in den Garten. Onkel Erich fragte mich: „Da fehlen aber noch die Bindungen." „Was für Bindungen? Ach du Schreck, ja doch. Die liegen zu Hause, ich habe sie vergessen." sagte ich bitter enttäuscht. Dabei wusste ich doch, dass die Bindungen notwendig sind, um Fuß mit Ski sicher zu verbinden. „Und was wird denn nun?" fragte ich mit einem kleinen hoffen, dass es eine andere Lösung gibt. Doch hier endete auch ihr Latein. Es war nicht möglich, für mich einfach nur Bindungen zu kaufen. Skizubehör gab es allenfalls in Berlin. Aber hier war keine Chance. Ich musste unverrichteter Dinge mit den unbenutzten Ski wieder nach Berlin. Es gab danach keine Winter mehr, wo im Tal der Oberlausitz genug Schnee gefallen ist und so blieben die Ski unbenutzt in Berlin zurück. Aber der Reiz der letzten Tage mit

Schnee und ohne Ski konnte ich nach der ersten Traurigkeit dennoch erleben.

Spuren im Schnee

Onkel Erich hatte im Winter keine Arbeit als Maurer und so war er öfter zu Hause. Ich freute mich immer, wenn er mit mir in den Wald ging, um mir die Wunder der Natur näher zu bringen. Auch wenn die beiden keine Kirchgänger gewesen sind, hatten sie beide eine besondere Liebe zur Natur. Durch sie lernte ich, dass es so viel Schönes zu sehen gibt, dass ich immer nur mit Onkel Erich unterwegs sein wollte. Tante Käthe war sehr krank und konnte nicht mehr gut und schon gar nicht so lange laufen.

An manchem Samstag ging er mit mir immer zum Tiere füttern in dem großen Hain, wo wir sonst immer die Pilze sonntags suchten. Da Onkel Erich meine Neugierde den vielen Tieren gegenüber wahrgenommen hatte, führten uns Abendspazlergänge durch den Schnee. Schon auf dem etwa halbstündigen Weg zum Hain habe ich von ihm viel erfahren.

Wir deuteten die Spuren von Tieren im Schnee und lauschten in die Stille des Abends hinein. Unsere Spurensuche weitete sich bald in ein Ratespiel aus und so verging die Zeit schnell bis wir an den Waldrand des Hains gelangten. Unterwegs sahen wir Hasen in Zickzacksprüngen einen kleinen Berghang hinweghuschen, die wir vermutlich aufgescheucht hatten. Dann meinte Onkel Erich zu mir: „Wenn wir jetzt gleich in den Wald gehen, musst du ganz leise sein. Es könnten schon Rehe in der Nähe sein, die auf unser Futter warten. Du musst wissen, dass die Rehe überhaupt sehr schlecht sehen, aber dafür besonders gute Nasen hätten, mit denen sie Witterung von uns, aber auch von anderen Tieren aufnehmen können. Also achten wir darauf, von wo der Wind kommt. Wenn du den Wind immer in deinem Rücken fühlst, dann würden die Rehe dich sofort wittern, wären gewarnt und würden davon laufen, selbst wenn sie dich nicht sehen oder nicht gehört haben." Bemerkenswert dachte ich so bei mir und sagte: „Ganz schön schlaue

Tiere." Er schmunzelte und lächelte mich freundlich an.

Er wies mir einen dicken Baum zu, an dem ich still stehen und zur Futterkrippe schauen sollte. Wenn ich mich nicht bewege, würden die Rehe und vielleicht auch noch andere Waldtiere kommen. Ich wartete sehr gespannt und konnte dabei sehr ausdauernd sein. Denn schließlich wollte ich doch die Waldtiere mal so ganz nah sehen. Doch dann erschrak ich, blieb aber wie mir geraten war, ganz still stehen. Ich prüfte schnell nochmal den Wind, der zum Glück direkt von vorn kam.

Plötzlich nur wenige Schritte von mir entfernt stand ein kleiner Rehbock direkt vor mir und schaute mir ins Gesicht. Was denkt der sich jetzt, überlegte ich mir. Hat er mich bemerkt, aber warum steht er so still und läuft nicht davon. Mir stockte der Atem, denn ich sollte still stehen. Ich betrachtete ihn sehr aufmerksam und bemerkte ein sehr dunkles, fast schwarzes Fell und seine Nase bewegte sich unentwegt. Die schönen dunkelgefärbten

Augen mit der süßen Stupsnase faszinierten mich. Ich stand fest wie ein Baum und bewegte mich nicht. Nach einer Weile begann mir ein Bein steif zu werden und ich versuchte möglichst unbemerkt mein Gewicht von einem auf das andere Bein zu verlagern.

Plötzlich knackte es dicht hinter mir und ich zuckte zusammen. Es war nur ein Zapfen, der durch das Geäst der Bäume mir direkt vor die Füße fiel. Aber es reichte meine einzige ruckartige Bewegung und der kleine Rehbock sprang mit wenigen Sprüngen von mir davon. Ihm folgten noch zwei andere Rehe, die ich erst durch seinen Rückzug bemerkte.

Ausflug ins Gebirge

„Im nächsten Sommer werden wir mal ins Gebirge fahren, wenn du Lust dazu hast.", dies sagte Onkel Erich zu mir, als er sich von mir verabschiedete, bevor er zur Arbeit und wir die Fahrt nach Zittau antraten. „Hurra, klar habe ich Lust. Kommt Tante Käthe dann auch mit?" Onkel Erich: „Ja, die muss mit, sonst können wir ja kein Eis kaufen und mit der Bimmelbahn nach Johnsdorf auch nicht mitfahren. Du weißt doch, Tante Käthe ist unser Finanzchef." Ich guckte ihn komisch von der Seite an, bemerkte dann, dass er wieder mal mit mir scherzte. So zauberte er mir immer wieder ein Lächeln, wenn sich bei mir die Abschiedstränen sammelten.

Wir fuhren wie versprochen, gleich zu Beginn der Sommerferien mit dem Bus von Oberseifersdorf nach Zittau und von dort mit der Schmalspurbahn nach Oybin. Dort stiegen wir aus und standen am Fuß des Oybin, einem Berg mit einer Burgruine, eines alten Klosters und einem idyllischen Bergfriedhof. Für mich war es ein Abenteuer, diesen steilen Berg mit Onkel Erich und Tante Käthe zu ersteigen. Tante Käthe setzte sich auf dem Weg nach oben auf eine Bank und wollte da auf uns warten. Onkel Erich nahm mich bei der Hand und kletterte mit mir bis oben hinauf. Als wir nach etwa 1 ½ Stunden wieder abgestiegen sind und Tante Käthe auf dem Weg nach unten wieder eingesammelt hatten, gingen wir mit ihr einen Eisbecher essen. Danach fuhren wir mit der Bimmelbahn nach Johnsdorf. Wir setzten uns in den letzten Wagen, um den gesamten Zug sehen zu können. Eine idyllische Bahnfahrt durch die Täler und Berglandschaften des Zittauer Gebirges begeisterten mich und so versprach mir Onkel Erich, dass wir in den großen Ferien, also den Sommerferien und Winterferien immer auch einen Ausflug in die Berge der Oberlausitz machen würden.

Immer gab es etwas anderes, worauf ich mich freuen konnte und so schrieb ich Tante Käthe fleißig Briefe aus Berlin und sie schrieb mir immer schöne Postkarten aus Zittau und die schönen Berglandschaften rund um den Oybin und Johnsdorf zurück.

Dorfleben – Faszination und Abenteuer

Ich spürte, wie ich mich hier auf dem Land immer heimischer fühlte, als ich es je zu Hause war. Auch das Dorf war so wunderschön mit seinen vielen kleinen Fachwerkhäusern, in denen freundliche Menschen wohnten. Ich hatte diese Bauwerke mit dem

Fachwerk noch nie zuvor gesehen und nun durfte ich sogar darin wohnen. Hier hatte ich im oberen Geschoss ein eigenes Schlafzimmer. Ich fand es spannend, darin zu wohnen. Zu Hause in Berlin bewohnte ich eine Neubauwohnung im 11. Stock, in der das warme Wasser aus der Wand kam und die Heizung mit Fernwärme betrieben wurde. Davon träumten viele Menschen und ich ahnte als Kind nicht, wie gut es mir in der Berliner Wohnung in Bezug auf den Komfort ging.

Tante Käthe und Onkel Erich heizten dagegen noch mit Kohle und Holz. Eine Dusche oder Badewanne gab es hier auch nicht. Gebadet wurde einmal in der Woche in eben diesen alten Zinkwannen, die wir für das Wäschewaschen benutzten. Auch dies fand fast immer im Garten statt.

Das Holz für den Ofen holte Onkel Erich immer mit einem Holzleiterwagen aus dem Wald nahe eines Steinbruches und ich durfte immer mit in den Steinbruch fahren. Manchmal saß ich im Leiterwagen und wurde gezogen und manchmal wollte ich den Leiterwagen ein Stück ziehen.

Das Holzholen war immer eine große Tagestour, auf der wir unsere Verpflegung im Rucksack verstauten, die wir dann auf einen großen Stapel Holz genüsslich zur Mittagszeit aßen. Wir beobachteten wie so manche Lkw-Ladung von Steinen und Geröll in den Steinbruch abgekippt wurde. Diese Beobachtung half mir während heftiger Gewitter, meine Angst vor dem grollenden Donner zu nehmen. Die Gebirgsgewitter hörten wir meist nur von weitem, denn Oberseifersdorf lag in einer Talmulde, in der es selten Gewitter gab. Aber wenn sich mehrere Gewitter im Tal sammelten, waren es heftige Gewitter, die die Menschen veranlasste, alle wichtigen Dinge, die in entsprechende Behältnisse aufbewahrt wurden, in die Wohnstube zu tragen. Alle Bewohner eines Hauses versammelten sich angezogen um den Tisch und warteten darauf, dass die Gewitterwand ohne größere Schäden zu verursachen, abzog. Es war aufregend als ich eines Nachts geweckt wurde und ich mir meinen Trainingsanzug überziehen und herunter in die Wohnstube kommen sollte.

Ich schaute sie verwundert an und fragte: „Was ist denn los, Tante Käthe?" und sie antwortete mir: „Es ist ein starkes Gewitter mit heftigen Regengüssen. Der Blitz hat schon oft Schäden an den Häusern verursacht und da müssen wir halt aufpassen und abwartend darauf hoffen, dass alles gut verläuft." Ich wusste nicht wirklich, weshalb dies dann alles nötig sei, aber es war irgendwie auch abenteuerlich. Onkel Erich stand mit mir an der offenen Haustür und wir beobachteten den Verlauf des Gewitters. Ich blieb meist hinter seinem Rücken stehen und er bemerkte meine Angst. Nun gab es eine lustige Erklärung von Onkel Erich zum Donnergrollen: „Weißt du noch wie die Menschen Steingeröll in den Steinbruch abkippten? Stell dir vor, dass da oben der Petrus mit seinem großen Leiterwagen mit hölzernen Rädern über einen steinigen Weg rumpelt, um sein ganzes Geröll in diesen Steinbruch abzukippen. Das Geräusch, das Petrus damit verursacht, ist das Donnergrollen, das am Ende mit einem lauten Donner verstummt. Und wenn du dann zu zählen beginnst, bis der Blitz auftaucht, weißt du wieviel Kilometer das Gewitter von uns noch entfernt ist." An diese bildhafte Erklärung erinnere ich mich bis heute, denn sie hilft mir meine Angst vor den Blitzen zu mildern und ich kann die wunderschönen Kindheitserinnerungen an diese beiden Engel in Menschengestalt wachhalten.

Die Menschen hier im Dorf waren im Umgang mit mir sehr lieb und so wurde sehr bald aus dem „Liebschers Ferienkind", eine „Vatas Tochter". Ja, so wurde ich schon nach dem dritten Besuch von den Dorfbewohnern genannt und mir gefiel es. Steckte hier schon die innere Sehnsucht, dass ich sie mir viel lieber als Eltern gewünscht hätte?

In den Abendstunden im Bett ließ ich oft noch lange den Mond, wenn er denn zu sehen war, in mein Zimmer scheinen. Dazu streifte ich die kleine Fenstergardine zur Seite, um so direkt vom Bett den hellen Mond sehen zu können. Ich ließ gedanklich die vielen Erlebnisse des Tages noch einmal Revue passieren und begann immer öfter das Leben hier bei meinen Ferieneltern mit dem Gefühl tiefer Einsamkeit bei meinen richtigen Eltern zu vergleichen und wünschte mir so sehr, dass sie mit mir auch mal durch die Wälder streifen, verstecken spielen und mit mir die Wunder der Natur genießen würden. Ich glaube heute, dass sie meine Bedürfnisse nicht einmal kannten. Wie denn auch, ich konnte sie aber hier bei Onkel Erich und Tante Käthe kennenlernen.

Tante Käthe und ich fuhren auch einmal in der Woche, zumeist dienstags, mit einem zweiten kleineren hölzernen Leiterwagen durchs Dorf, um die Propangasflaschen zu tauschen und im Tante-Emma-Laden die „Bück-dich-Ware" abzuholen und zu bezahlen. Der Dienstag wurde von der kleinen Annahmestelle der leeren Propangasflaschen bestimmt und darum machten wir unseren Einkauf im Ort meist an diesem Dienstag, weil wir da unsere leeren Flaschen gegen neu gefüllte Gasflaschen tauschen konnten.

Zum Einkauf des täglichen Bedarfs gab es in diesem fast 2 km langen Dorf einen Dorfkonsum und einen Tante-Emma-Laden, der auch Obst und Gemüse verkaufte, vorausgesetzt, dass es eine Obst und Gemüselieferung gab.

Die Art der Verteilung von seltenen Obst, wie Bananen fand ich schon merkwürdig spannend. Ich als Berliner Stadtkind hatte keine Ahnung, dass dies hier normaler Alltag war. Einmal war ich mit Tante Käthe im Konsum und musste mich erst einmal an einer langen Menschenschlange anstellen.

Tante Käthe packte während dessen schon mal die anderen Lebensmittel vom Einkaufszettel in ihren Korb und schaute inzwischen was überhaupt angeliefert wurde. Es gab tatsächlich mal Bananen, d. h. pro Kopf der Familie wurde immer nur eine Banane abgegeben. Da in einem Dorf Jeder Jeden kannte und wusste, wie viel zum Haushalt gehörten, drückte die Verkäuferin Tante Käthe zwei Bananen in die Hand. Tante Käthe meinte, dass sie jetzt aber drei Personen seien, worauf die junge Verkäuferin schnippig antwortete: „Es gibt nur eine für Jeden. Ihr seid aber nur zwei."

Tante Käthe bettelte um eine weitere Banane für mich, ihrem Ferienkind, worauf auch noch die anderen Bewohner auf sie einredeten, dass sie nicht so kleinlich sein solle.

Schließlich ließ sich die Verkäuferin erweichen und gab uns noch eine dritte Banane. Zu Hause ausgepackt, durfte ich die erste Banane gleich essen. Weder Tante Käthe noch Onkel Erich aßen ihre Bananen. Sie wollten, dass ich alle essen sollte und teilten mir diese auf mehrere Tage auf.

Unsere Waren, die wir in den verschiedenen Läden einkauften, packten wir in unseren Leiterwagen, den ich durch den ganzen Ort ziehen durfte und so fuhren wir noch zu dieser Frau Dutschke, die ihren Laden in der Dorfmitte hatte. Sie verkaufte nicht mehr selbst ihre Ware, aber wenn wir kamen, schaute sie schon aus ihrem kleinen Fenster im ersten Stock und rief Tante Käthe entgegen: „Hallo Käthe, kommst du mal rein. Ich komme gleich mal runter. Ich habe einen Beutel für dich." Sie schwatzten noch eine ganze Weile über dies und das und dann nahm Tante Käthe den Beutel, der gefüllt war mit Toilettenpapier, Apfelseife und Spee, wie wir erst zu Hause feststellten. Tante Käthe stellte diesen Beutel mit der besonderen Ware immer gleich auf den Wagen unter einer mitgenommenen Decke. Erst dann fragte sie, was sie bezahlen muss. Sie gab ihr das Geld, ohne auch nur zu fragen, was sie dafür in ihren Beutel hatte. Hier schienen die Verkäuferinnen zu wissen, was die Menschen gerade brauchen und die Menschen nahmen oft Ware mit, wo sie zu Hause überrascht waren, was es diesmal so Besonderes gegeben hat. Hier wurde Ware bezahlt, ohne zu wissen was sie eingekauft hatten und die Menschen vertrauten den Verkäuferinnen.

Es handelte sich bei diesen besonderen Waren um „Bück dich Ware", die man hier blind einkaufte. Dazu zählten viele Dinge, wie Waschmittel, Obst, Toilettenpapier, Deosprays, Hygieneartikel für die Frau und Limonade im Sommer. Immer wenn in dem Beutel Toilettenpapier war, freute es mich, denn nun durfte ich gleich eine Rolle am Klo aufhängen. Nun musste ich keine Zeitungsabschnitte benutzen, was mir sehr viel angenehmer war.

Dann war da noch der freundliche Bäckermeister Geyer, der draußen im Wald ein Bienenvolk hatte und mich einmal mitgenommen hatte. Er zeigte mir, wie er den Honig aus den Waben nahm und wollte mir damit zeigen, dass die Bienen nicht nur sehr nützlich, sondern auch ein durchaus friedliches Völkchen sind.

Er wusste um meine Angst vor den Bienen und erzählte mir ebenso schöne Geschichten rund um die Bienen, dass ich gar nicht bemerkte, wie nahe sie mir hierbei gekommen sind. Aber den Bienenstich gefüllt mit Pudding ließ ich mir auch immer schmecken.

Eines Tages kam Herr Geyer von seinem Waldausflug mit einem verletzten jungen Mäusebussard zurück und brachte ihn zu Onkel Erich. Sie verbanden dem Raubvogel seinen Flügel und steckten ihn in eine Dachkammer oberhalb der Backstube.

Nach etwa einer Woche flog dieser kleine Bussard direkt auf unseren Schuppen. Hier konnte ich ihn mir beschauen und dann durfte ich ihn sogar auf meinem ausgestreckten mit einem dicken Lappen umwickelten Arm halten. Dass dieser Bussard so schwer sein würde, hätte ich nicht gedacht. Onkel Erich stütze dabei meinen Arm und nahm mir den Bussard gleich wieder ab. Ich beobachtete ihn noch eine ganze Weile im Dorf bis er eines Tages wieder in seinen Wald zurückgeflogen sein muss.

Der Lockruf des Spechtes

Auf einem der vielen Pilzgänge ins Königsholz wollte mir Onkel Erich einen Specht zeigen, was er mir in den vorangegangenen Sommerferien versprochen hatte. Als wir auf unsere Räder stiegen, um ins Königsholz zu fahren, sagte er zu mir: „Heute werden wir dem Specht mal auf die Sprünge helfen. Von wegen er will nicht gesehen werden. Den werden wir überlisten." Ich musste lachen, als ob man einen Vogel überlisten könne, dachte ich so bei mir. Ich fragte ihn: „Und wie machen wir das?"

Du wirst schon sehen, dazu brauchen wir eine Walnusshälfte, einen Gummi und ein Streichholz. Damit bauen wir an dem schwarzen Teich auf unserer Pausenbank eine Lockrufhilfe. „Was ist denn eine Lockrufhilfe?" fragte ich neugierig. Onkel Erich erwiderte: „Warte ab. Du wirst schon sehen." Er forderte immer meine Neugierde mit seinen typischen Satz, „Du wirst schon sehen." heraus. Während wir auf dem Weg zum „Schwarzen Teich" waren, überlegte ich unentwegt, was er mit diesen drei Dingen machen würde und vor allem, wie kann aus einer Walnusshälfte, einem Haargummi und einem Streichholz eine Lockrufhilfe werden?

Als ich endlich unsere Bank entdeckte, lief ich schnell voraus und setzte mich hin, um nun hoffentlich endlich einen Specht sehen zu können. Endlich war auch Onkel Erich an der Bank angekommen und wir lauschten erst mal auf die vielen Vogelstimmen. Inzwischen konnte ich schon viele Vogelstimmen zuordnen, wie die der Kohl- und Blaumeisen, des Eichelhähers, dem Waldpolizisten, das Waldkäuzchen und die gurrenden Tauben. Nun sollte ich einen Specht kennenlernen. Onkel Erich war immer sehr stolz, wenn ich alles von ihm Gehörte über die Waldtiere über die Zeit bis zu den nächsten Ferien im Gedächtnis behielt und verinnerlichen konnte. Einmal sagte er zu mir: „Du hast eine ganz besondere Begabung. Du siehst die Natur mit deinem Herzen."

Wow, was für eine Bewunderung, die ehrlichen Herzens zu mir gesagt waren. Ich fühlte durch sie mein wahres Inneres und die tiefe Liebe zur Natur entdeckte ich durch diese unzähligen Gespräche auf unseren Waldtouren. Immer wenn ich diese wertschätzenden und voller Liebe steckenden Worte gesagt bekam, zweifelte ich anfangs an dem mir gegoltenem Lob. Doch es steckte so voller Liebe, dass ich eine wohlige Wärme spüren konnte, wenn er zu mir sprach, dass mir jeden Zweifel ausräumte und mein Selbstvertrauen stärkte.

Er hatte mich immer wieder für das Schöne, was diese wunderbar heilsame Natur mit sich bringt, begeistern können. Nur durch ihn fand ich zu dieser besonderen Liebe zur Natur und ihrer Tierwelt.

Hier am schwarzen Teich auf dieser Holzbank, in dessen Sitzfläche schon eine sehr morsche Holzlatte war, saßen wir so manche Stunde und lauschten einfach nur in den Wald hinein. Hin und wieder knackte es auch hinter unserer Bank und ich erschrak, doch sogleich gab es eine plausible Erklärung von

Onkel Erich und so störten mich diese Geräusche schon bald nicht mehr.

An diesem Teich tanzten zauberschöne Libellen mit ihren großen Flügeln und flogen oft auch zu zweit übereinander zu den Seerosen mitten auf dem Teich. Libellen in unterschiedlichen Farben jagten hier um diesen See herum. Einmal kam eine sehr große Libelle, die fast den Körper eines Minihubschraubers hatte auf mich zugeflogen und blieb in der Luft vor mir stehen. Es sah so aus, als ob sie mir direkt in die Augen schaute. Jetzt bekam ich doch Angst und rief: „Onkel Erich, die will mich stechen. Ich habe Angst."

Er erwiderte mit sehr ruhiger Stimme: „Du musst keine Angst haben, liebe Manuela. Libellen haben zwar ein kräftiges Beißwerkzeug, um ihre Nahrung, wie Mücken, Fliegen und andere Libellen im Flug erlegen zu können, aber für uns Menschen und anderen Säugetieren sind sie harmlos. Sie haben keinen Stachel und der Biss einer Libelle ist nicht so stark, dass er deine Haut durchbeißen könnte."

Doch nun setzte sie sich direkt auf meine Schulter und ich presste meine Lippen aufeinander und es kamen nur noch winselnde Laute aus mir heraus. Von Mitschülern hörte ich, dass der Stich einer Libelle sehr gefährlich sei und dies ließ mich fast regungslos auf der Bank sitzen, bis Onkel Erich meine Angst bemerkte und mit einer ganz leichten Handbewegung, die Libelle zum Weiterflug ermunterte. Nun atmete ich tief durch und war erleichtert.

Er redete mit mir über das Tänzeln der Libellen und ihren Raubzügen an diesem Teich, während ich sie beobachtete und sie so auch mein Interesse fanden. So eine Farbenpracht der verschiedenen Libellenarten, die hier umher flogen und ihre großen Flügel glitzerten in der Sonne. Immer wieder kam mal eine an unsere Bank geflogen, so dass ich ihre großen Augen erkennen konnte. Je mehr Onkel Erich mir über diese anmutigen Insekten erzählte, desto weniger Angst hatte ich vor ihnen.

Doch was war das. Ich schaute auf Onkel Erichs Gummistiefel als ich eine kleine Spitzmaus bemerkte, die so frech war und an seinem Stiefel zu knabbern schien. Als ich aufstand, flitzte sie auf und davon.

Doch nun wollte ich endlich den versprochenen Specht sehen und fragte: „Wo ist jetzt deine Lockrufhilfe?" Onkel Erich ging zu seinem grünen Rucksack und holte die drei Materialien heraus, setzte sich wieder zu mir auf unsere Bank und baute die Lockrufhilfe zusammen.

Immer noch grübelte ich, wie daraus etwas entstehen könne, das den Specht herbei ruft.

Onkel Erich nahm die halbe Walnussschale und spannte den kleinen Haargummi quer und möglichst fest darüber. Dann nahm er ein Streichholz und schob es unter das Gummi längs über die Wahlnusshälfte.

Ich beobachtete aufmerksam wie er die drei Dinge zusammenfügte. Als er fertig war, gab er mir die Walnusshälfte und meinte: „So jetzt musst du nur ein paar Mal mit dem kleinen Hölzchen schnippen, abwarten und vor allem aufmerksam lauschen." Ich tat, was er sagte und wartete. Erst einmal tat sich nichts, also schnippte ich erneut zweimal und lauschte erneut.

Und tatsächlich antwortete ein Specht auf meinen Lockruf. Nun sollte ich immer abwechselnd schnippen und warten bis er antwortet. Ich freute mich riesig, als ich seine klopfende Antwort auf mein Schnipsen vernahm. Onkel Erich suchte mit seinen Augen die umliegenden Bäume nach diesem Specht ab und entdeckte ihn dann hoch oben an einem Nadelbaum. Er zeigte mit seinem Zeigefinger in die Richtung, doch konnte ich ihn nicht wirklich sehen. Aber gehört hatte ich diesen Specht und mich mit ihm per Walnussschale unterhalten. Das war ein sehr schönes Erlebnis, dass ich später als Mama wiederholte, in dem ich eine solche Lockrufhilfe für meine Tochter bastelte.

Zuhause – Wo ist das?
Inzwischen war ich schon zu jeden Ferien hierhergekommen und in den Februarferien hatte Tante Käthe einen Besuch in der

Dorfschule organisiert. Es war am Tag als in der Schule Fasching gefeiert wurde und Tante Käthe besorgte mir ein Mäusekostüm. Ich war sehr aufgeregt und etwas ängstlich in eine fremde Schule zu gehen. Aber im Klassenraum war schon richtige Feststimmung. Die Kinder hatten alle lustige Kostüme an und ich fühlte mich in meinem Mäusekostüm sehr wohl. Herzlich begrüßte mich der Klassenleiter dieser Klasse und nahm mich mit an den Tisch, während Tante Käthe meinte, dass sie mal zum Schulleiter gehen würde. Ich wunderte mich noch, was sie da wolle, denn sie hatte doch selbst keine Kinder. Wir sprachen zwar öfter darüber, wie schön es doch sein würde, wenn ich hier in die Schule gehen könnte. Nie im Traum hätte ich geglaubt, dass es eine Möglichkeit gewesen wäre und die beiden mich für immer bei sich behalten würden. In der Klasse war es recht laut und drei Jungen kämpften darum, wer die meisten Pfannkuchen essen könnte, ohne die Hände zu benutzen. Das waren sehr lustige Wettkämpfe genauso wie die mit dem Wettessen der Würstchen, die angebunden an einer Strippe in die Höhe gezogen wurden. Nun sollten die Kinder auch diese ohne Hände essen. Ich musste so viel lachen und Tante Käthe kam nach etwa zwei Stunden zurück, um mich abzuholen. Auf dem Heimweg erzählte sie mir von ihrem Besuch beim Schulleiter. Sie hatte ihn gefragt, ob ich nach den kommenden Sommerferien von Berlin hier nach Oberseifersdorf umgeschult werden könne, welche Probleme es gäbe und was genau dazu notwendig sei. Dann erst fragte sie mich: „Hättest du überhaupt Lust hier zu leben?" Ich schaute sie fragend an „Ja, schon, aber ob Mutti das erlaubt". Sie meinte: „Na sie weiß doch wie gut es dir hier immer geht und dein Husten ist bei mir immer sehr schnell weg. Was sollte sie dagegen haben?"

Mittlerweile glaubte ich es auch und richtete mich schon gedanklich auf diese Zeit ein. „Tante Käthe, wie sage ich es Mutti?" Sie erwiderte, dass ich mir keine Gedanken weiter machen muss, denn sie würde mir einen Brief mitgegeben, in dem sie ihr von den Absprachen mit dem Schulleiter schreiben würde.

Je näher das Ende dieser Ferien kam, desto mehr freute ich mich darauf, meiner Mutter diesen Brief zu überbringen und in meiner Klasse von meinem Umzug erzählen zu können. Diesmal war ich beim Abschied nicht mehr so traurig wie sonst, denn ich hatte mich an dieser Idee festgebissen und freute mich schon auf den Sommer. Die Mitschüler meiner künftigen Klasse habe ich zu diesem Faschingsfest bereits kennengelernt.

Leider traf mich die Enttäuschung doppelt so hart, als mir meine Mutter empört entgegenrief: „Was fällt dir nur ein, bei Tante Käthe und Onkel Erich wohnen zu wollen?" Ich glaubte noch fest daran, dass ich sie umstimmen könnte und erwiderte: „Na ich habe da unten nie Husten, mir geht es da viel besser und die beiden haben doch selbst keine Kinder." Doch je mehr Argumente ich fand, die für diese Idee sprachen, wurde sie immer ärgerlicher. Dann beendete sie diese Diskussion, wie immer: „Hör auf, ich diskutiere nicht mit dir. Du bist hier Zuhause." Ich setzte noch ein letztes Mal an, kam aber keine Wortsilbe weit, da endete die Diskussion durch einen endgültigen Satz: „Du fährst ab sofort gar nicht mehr darunter. Basta!", worauf ich in einem hysterischen Heulkrampf verfiel.

Sie brachte es tatsächlich fertig, mich für ein ganzes Jahr in den Ferien in den Schulhort zu stecken.

Wie wollte meine Mutter wissen, wo mein Zuhause ist. Für mich ist Zuhause ein Ort, wo man auch Zuhause ist, wo man sich geborgen und sicher fühlen darf. Wo man wahrgenommen wird und Liebe erfährt. Das alles hatte ich nur bei den Liebschers in Oberseifersdorf.

Was bleibt, sind Erinnerungen

Obwohl ich viele Tage von den unzähligen Erlebnissen begeisternd meinen Eltern erzählte, hörten sie nur sehr teilnahmslos zu und meine Mutter unterbrach mich oft: „Manuela nun hör endlich auf und rede wieder vernünftig. Diese Mundart hört sich schrecklich an."

Mit diesem Satz verdarb sie mir die Nachfreude des Erlebten und ich hörte schlagartig auf, ihr von meinen wunderbaren Erlebnissen zu erzählen. Stattdessen erzählte ich Mario von meinen Ferienaufenthalten.

Ich musste mich immer wieder aufs Neue daran gewöhnen, dass sich das Familienleben in Berlin nun wieder nur um die Arbeit, die schulischen Leistungen und den häuslichen Pflichtaufgaben abspielte, wo kein Platz für ein gemeinsames Familienleben war.

Diese Art des Zuhörens meiner Eltern, war so ganz anders als das von Onkel Erich und Tante Käthe.

Hier in Oberseifersdorf fühlte sich alles so wunderbar einfach und heilsam an. Hier durfte ich Kind und hier durfte ich ICH sein. Ich fühlte mich frei und auf ganz besondere Art wurde ich von meinen lieben Ferieneltern gesehen und wahrgenommen. Ich liebte beide sehr, weil es hier so viel Wärme und Liebe für mich gab.

Als ich 1976 in die 10. Klasse kam, war die schöne Zeit vorbei. Denn ich hatte nun keine Zeit wegen der vielen Klausuren und den Prüfungsvorbereitungen, die sich durch das ganze Schuljahr zogen.

Ich besuchte sie noch ein letztes Mal im Sommer 1977 und erkannte dann leider ihr gesundheitliches Problem einer schlimmen

Suchterkrankung, die schon zu der Zeit als ich regelmäßig zu ihnen fuhr, bestanden hatte.

Zu meiner ersten Hochzeit 1978 besuchten sie mich das erste Mal in Berlin. Sie gingen aber sehr früh schon von der Feier weg. Das war das letzte Mal als ich persönlich zu ihnen Kontakt hatte.

Für mich blieben die schönen Erinnerungen aus diesen Ferienzeiten. Trotzdem wurden in unzähligen Urlauben mit meiner eigenen Familie die Erinnerungen an meine Kindheit bei den Ferieneltern geweckt, als wir unsere Ferienzimmer immer auf dem Lande suchten. Auf Bauernhöfe in Franken, in der Lüneburger Heide, im Spreewald und in bergigen Landschaften, aber niemals in Großstädten.

Auch später als wir unseren Garten nahe bei Eberswalde kauften, suchten wir hier an den unzähligen Wochenenden unsere Auszeiten vom stressigen Großstadtleben und tauchten ein in die Wunder der Natur.

Ich bemerkte hier, dass ich mich nach Ruhe und Wärme sehnte, die ich in der Großstadt nie fand.

Doch meine Familie, mein Exmann und meine Tochter sind alle in der Großstadt geboren und aufgewachsen, hatten hier ihre Arbeit und ein gutes Auskommen.

Doch in der Phase meiner Selbstfindung, die 2011 begann, stellte sich mehr die Frage, ob es für *mich* reichte, dieses gute Auskommen.

Verglich ich mein Leben als Kind bei diesem voller Liebe und Wärme steckenden Ehepaar mit dem Leben in Berlin als Erwachsene, wurde mir bewusst, wie sehr mich das Großstadtleben mit seiner ganzen Anonymität zu erdrücken schien.

Ich beschloss 2015 nach einer schweren Krise und meiner Frühberentung mir ein neues Leben auf dem Land zu suchen.

Meine ländlichen Erfahrungen weckten in mir so viele heilsame Kräfte, die es in Berlin für mich einfach nicht gab.

Die Berliner Luft wurde zu einer stressigen Last, der ich fest entschlossen entfliehen wollte.

2014 suchte ich den Kontakt zu Gerd Keil, weil ich viele Fragen zu seiner Biografie hatte und uns eine gemeinsame Vergangenheit in der DDR verband. Ich fuhr zu ihm nach Wienhausen, weil ich vieles wissen wollte, worüber niemand in Berlin mit mir redete. Als ich ihn als Autor kennenlernen wollte und durch die Orte des Celler Landkreises nach Wienhausen fuhr, war ich beeindruckt und so gleich gefangen von dem Anblick der Landschaft. Ich war verliebt in den Ortskern von Wienhausen, weil er auch schöne kleine Fachwerkhäuser hat und die Aller sich mit ihrem zauberschönem Ufer entlang der Hauptstraße des Ortes zog.

Ich war so fasziniert, dass ich heute überzeugt bin, dass dies kein Zufall war, der mich ausgerechnet zu Gerd und so auch ausgerechnet hier an diesen Ort geführt hat.

Wenn ich heute mal in ein seelisches Tief oder einer depressiven Phase gerate, gehe ich nur mal vor die Tür oder walke durch den Ort zum Ufer der Aller. Schon bin ich wieder mir selbst nahe. Ich finde egal in welcher Situation ich mich gerade befand, schnell wieder raus aus meinem Tief, kann durchatmen und fühle mich wieder frei und unbeschwert.

Zeitreise – Besuch nach über 40 Jahren

Als ich dieses Buch im Dezember 2019 fertig glaubte, bemerkte ich, dass irgendetwas in der Beschreibung dieser beiden für mich wichtigsten Personen in meiner Kindheit fehlte.

Ich wusste so vieles über ihr Leben nicht. Wie sind sie beide nach Oberseifersdorf gekommen, wo sie doch eine Zeit lang in Berlin zusammen mit meinen Eltern bei der Polizei gearbeitet haben? Aus sehr wenigen Erzählungen weiß ich, dass Tante Käthe eine gebürtige Berlinerin und Onkel Erich vermutlich ein gebürtiger Seierschdurfer war. Doch wie ist er nach Berlin gekommen und weshalb und vor allem wann sind die beiden nach Oberseifersdorf gezogen. Waren die beiden gläubig? Was ist aus ihnen geworden? Wann sind sie gestorben und wo wurden sie begraben? Irgendwie begann in mir eine merkwürdige Scham aufzusteigen. Weshalb habe ich damals keine Fragen gestellt oder warum interessierte es mich nicht?

Ich denke, dass ich damals mir der späteren Bedeutung dieses kindlichen Heimatgefühls, dass die beiden mir durch ihre großen Liebe-vermittelten, gar nicht so bewusst war. Ich genoss jede Minute Zeit mit Onkel Erich, in denen er mir so viel Naturverständnis vermit-telte und mir auf stundenlangen Spazier- und Wandertouren viel Liebe und mir unbekannte Zuwendungen zu teil werden ließ, die ich von meinem Zuhause gar nicht kannte.

Tante Käthe freute sich immer an meiner un-endlichen Hilfsbereitschaft und ich lernte so unendlich viel Hausarbeiten von ihr, die mir zu Hause keiner beizubringen gewillt war. Ich weiß nicht genau, ob es einfach die ständige Zuwendung und Anwesenheit für mich war, die mich hier immer wieder aufs Neue in ein Wohlgefühl brachte, dass es mich innerlich fast zerriss, wenn die Ferien endeten und ich wieder zurück nach Berlin musste.

Deshalb schrieb ich im Dezember 2019 an den dortigen Pfarrer einen langen Brief mit der Bitte mir zu helfen, einige Informationen über die beiden Dorfbewohner zusammenzu-tragen. Im Januar 2020 gab es dann die Ant-wort mit dem Hinweis auf die 750 Jahrfeier von Oberseifersdorf und dass es eine DVD und zwei Festzeitschriften gäbe. Natürlich erwarb ich diese und fand tatsächlich in der Festzeitschrift ein Foto des Hauses, in das ich schon als Kind sehr verliebt war.

Aber was dann so alles passierte mit meinem Brief und wie sehr diese Dorfbewohner sich bemühten mir Antworten geben zu können, war sehr rührend.

Ich schien diesen Menschen wichtig zu sein, ein Gefühl, das mir im Laufe der letzten Jahre vertraut geworden ist. Menschen, die mich nicht einmal kannten, sondern nur diesen einen Brief lasen und scheinbar angetan waren von meiner Geschichte und meiner Absicht dieses Dorf nach so vielen Jahren noch einmal zu besuchen, fühlt sich einfach nur gut an. Eine dörfliche Freundlichkeit und alles sehr nette Leute, auf die ich mich schon jetzt freue.

Auch wenn eine Corona-Pandemie mich nicht aufzuhalten im Stande ist, freue ich mich auf diese Zeitreise in die wunderbaren

Erinnerungen und einer Zeit, in der meine Seele Frieden finden konnte.

Nun werde ich in wenigen Tagen, am 21. März 2020 nach meinem Besuch in Berlin, direkt nach Oberseifersdorf fahren, um für 4 Tage Besinnlichkeit meiner Kinderzeit nachzuspüren und zu erfahren, wie sich dieser Wohlfühlort meiner Kinderzeit nach der Wende bis heute entwickelt hat.

Dass sich auch in diesem Ort nicht nur die Landschaft, sondern auch die Menschen geändert haben, ist mir schon bewusst. Deshalb besorgte ich mir nach meinen ersten eigenen Recherchen die Festzeitschrift und die DVDs der 750 Jahrfeier, die das Dorf mit großen Mühen 2017 nicht nur auf die Beine gestellt, sondern die Menschen des ganzen Dorfes enger zusammengebracht hat.

Besonders beeindruckend war für mich der große Festumzug und die Dokumentationen über das Dorf und deren Bauwerke in der Festzeitschrift. Ich bekam hier schon mal einen ersten Eindruck über die großen Veränderungen des Dorfes, dass damals sehr

unscheinbar auf mich, einem Berliner Stadtkind, gewirkt hatte. Aber die Landschaft und
das etwas baufällige Haus war mir immer als
schön und teilweise abenteuerlich in Erinnerung geblieben. Etwas von Traurigkeit kam
auf, als ich dieses Haus in der Festzeitschrift
entdeckte und las, dass es als 1988 abgebro-
chenes Haus vermerkt war.

So war es doch gut, denn wie hätte es sich
für mich angefühlt, wenn ich genau vor dieser
Stelle gestanden und erst vor Ort gesehen
hätte, dass es dieses Haus nicht mehr gibt.

Das Dorf im neuen Antlitz kennenzulernen
und dabei meinen alten schönen Kindheits-
träumen nachzuspüren, wird mir dennoch
eine Freude sein.

Geplatzte Reise
Nun ja. Es ist wie es ist.
Corona hat es nun doch auf den letzten Ta-
gen noch geschafft, meine kleine private
Reise platzen zu lassen. Enttäuscht und trau-
rig musste ich widerwillig meine geplanten
Reisen nach Berlin zu meiner Enkelin, Tochter

und Schwiegersohn und die anschließende Reise nach Oberseifersdorf stornieren. Sicher werde ich meine bisherigen Kontakte telefonisch weiterführen, um wenigstens das Buch fertigzustellen.

Wie lange Corona mich davon abhalten wird, ist heute am 20.3.20 längst nicht voraussagbar. Natürlich sehe ich die Notwendigkeit der Maßnahmen zur Eindämmung der Corona-Pandemie und habe mich deshalb zur Stornierung der Reise entschlossen, weil ich meine Begegnungen und Gespräche vor allem mit älteren Menschen führen würde, aber gerade sie einen besonderen Schutz vor Ansteckung brauchen.

Eines jedoch ist schon jetzt sicher, die vielen netten Menschen mit einer besonderen Herzenswärme waren sehr bemüht, mir zu helfen. Dabei war ich nur ganz wenigen Dorfbewohnern in Erinnerung geblieben als das ruhige Mädchen, die bei den Liebschers ihre Ferien verbringt. So suchten diese Menschen über mehrere Wege nach Kontakten, die vielleicht etwas über das Leben der Liebschers wissen könnten. Es dauerte nicht sehr lang, als mich eine Frau Pleißendorfer erneut anrief und mir von ihren Recherchearbeiten berichtete. Sie wird weiter dran bleiben, versprach sie mir mit einem Lächeln, das ich fast hören konnte. So beschäftigte mein Brief viele Seierschdurfer, die mich bei der Suche nach Informationen über die beiden Menschen, die mir gegenüber sehr liebevoll und immer freundlich waren und mir ein wirkliches Zuhause voller Liebe gaben, unterstützen wollten.

Ich war sehr angetan von so viel Empathie für mein Anliegen, obwohl die Liebschers im Dorf eher nicht so gern gesehen waren, was sicher auch mit dem Suchtproblem von Onkel Erich zu tun hatte.

An dieser Stelle schon mal jetzt meinen Dank an alle Dorfbewohner, die mir bisher sehr angenehme Gesprächspartner waren und auf die ich mich schon jetzt freue, sie bald persönlich kennenlernen zu dürfen.

Ein besonderes Dankeschön gilt der Familie Pätzold, die mir freundlicherweise eine

Ferienwohnung auf dem Mühlenhof reserviert hatten und sehr viel Verständnis für die dann notwendige Stornierung aufbrachten. Auch den Einkaufservice fürs Wochenende hätten sie für mich erledigt. So darf ich mich schon heute auf den Tag freuen, wo ich Herrn und Frau Pätzold persönlich kennenlernen darf.

Vielleicht habe ich bei Ihnen, die mir geholfen haben, auch ein Interesse an meinen Erinnerungen als Berliner Stadtkind in Oberseifersdorf, geweckt. Auch deshalb werde ich diese erste Version ohne meine Reise nach Oberseifersdorf fertigstellen und veröffentlichen. So kann ich vielleicht im September auch eine kleine Lesung für Interessierte abhalten.
Hallo Seierschdurf,
ich komme auf jeden Fall irgendwann und vielleicht hoffentlich schon im September 2020. **Aufgeschoben ist nicht aufgehoben,** sagt ein altes Sprichwort.

Hinweise zur Autobiografie

Sie möchten mehr über mein Leben erfahren, dann können Sie meine autobiografischen Bücher auch im Verlagsshop bei Books on Demand (BoD) in zwei Versionen aus 2015 „Warum war ich so blind?" und die aktuellste Version aus 2018 „Die DDR, meine Familie und ich" versandkostenfrei erwerben. Beide sind als Taschenbuch und als E-Books erhältlich.

Vielleicht besuchen Sie mich auf meiner Website: www.manuelakeilholz.de

Bildteil

[130]

Manuela Keilholz

Warum war ich so blind? – Rückblick in eine Diktatur und Neuorientierung in die Freiheit

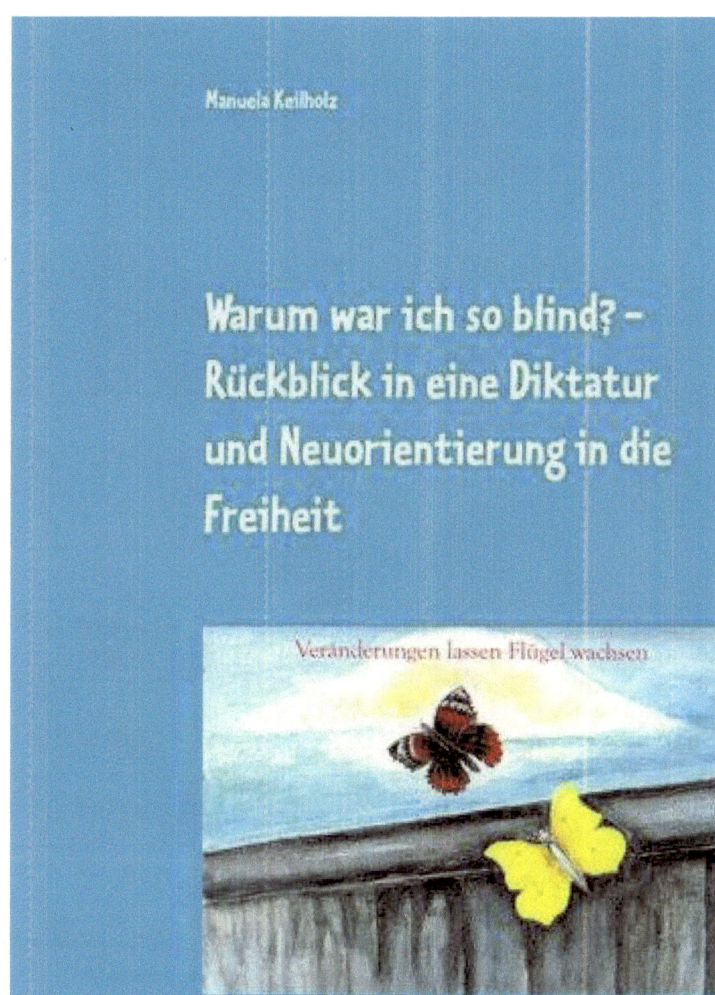

Veränderungen lassen Flügel wachsen

Manuela Keilholz

Die DDR, meine Familie und ich

Veränderungen lassen Flügel wachsen

Meine Sichtweisen damals und jetzt